PODER
PARA
PERSUADIR

CÓMO DIRIGIR A
LA GENTE
A DECISIONES
TRANSFORMADORAS

JASON FRENN

Editorial RENUEVO
© 2014 por Jason Frenn
Todos los derechos reservados.

ISBN 978-1-937094-99-7

A menos que se indique lo contrario, todos los textos bíblicos
se han tomado de la Santa Biblia, Nueva Versión Internacional,
NVI® © 1999 por la Sociedad Bíblica Internacional. Usadas con
permiso. Todos los derechos reservados.

Esta edición ha sido publicada bajo lisencia de Jason Frenn y
Summit Books, LLC.

www.editorialrenuevo.com

Diseño de la portada Rick Cortez

Fotografía de la portada Jazmin Frenn

OTRAS OBRAS DE JASON FRENN

Poder para cambiar
Rompiendo las barreras
Poder para reinventarte
Las siete oraciones que Dios siempre contesta
Sea lo que cree

Disponible en toda libreria cristiana o tienda virtual visite
www.JasonFrenn.com

PODER PARA PERSUADIR

Dedicatoria

A Don y Maxine Judkins.
Dos excelentes ejemplos de filantropía generosa,
carácter cristiano,
dedicación compasiva,
y compromiso inquebrantable.

Poder para Persuadir

PODER

PARA
PERSUADIR

CÓMO DIRIGIR A LA GENTE

A DECISIONES TRANSFORMADORAS

JASON FRENN

Editorial RENUEVO

Poder para Persuadir

Índice

Poder para Persuadir

INTRODUCCIÓN

En 1988 asistí a una entrevista para obtener mi primer empleo después de haber egresado en la universidad. La compañía se llamaba Moore Formularios, una corporación multinacional que vendía materiales impresos a los negocios. Por un lado estaba emocionado de comenzar una carrera donde ganaría un salario, aunque, en verdad, no sabía lo que era un formulario de negocio. Pero como tenía una idea imprecisa de lo que era un estado de cuenta, entonces tuve un punto de referencia. Sin embargo, ¿cómo podría lograr entusiasmarme con este trabajo? ¿Cuán importante podía llegar a ser venderles papel a los negocios? Simplemente necesitaba un trabajo, entonces continué en el proceso de la entrevista aunque tendría que resolver la pregunta desalentadora acerca del significado que tenía para mí tal trabajo.

Encontrar el significado

Durante mi última entrevista, el gerente de la región occidental de ventas me hizo una pregunta que me ayudó a ver las cosas desde un punto de vista diferente. «Si dentro de cuarenta años estuviéramos sentados durante tu cena de despedida, porque acabas de jubilarte, y todos tus colegas se levantaran a decir algo sobre ti, ¿qué quisieras que dijeran?». ¡Vaya! Nadie me había hecho esa pregunta antes.

Inmediatamente respondí: «Deme un momento para considerarla». Luego de un par de segundos, le dije: «Me gustaría que dijeran que soy un hombre íntegro, que ayuda a los demás, y que hice lo que dije que haría».

Me miró sin parpadear, esperó un par de segundos, se sonrió sutilmente y preguntó: «¿Puedes comenzar a principio de mes?». Este hombre me contrató porque vio que los dos valores personales de gran importancia para mí eran la integridad y el compromiso. El mes siguiente comencé a trabajar.

Después de tres días de entrenamiento tuve que enfrentar la pregunta acerca de cómo puedo encontrar el significado de vender papel a los negocios. «Por supuesto, ganaré dinero», pensé. Pero la vida no se trata exclusivamente de ganar plata. La vida se trata de encontrar el significado y de hallar en ella lo que yo llamo su hilo dorado.

Demasiada gente tambalea a lo largo de su vida sin descubrir ni una pista de lo que es su hilo dorado. Su hilo dorado es lo que usted nació para hacer. Es el por qué fue hilado en su vida. Sus dones, talentos y habilidades indican patrones de dirección, y le servirán de guía para que se convierta en alguien excelente en un área determinada.

Sentí que mi hilo dorado fue persuadir a la gente y ayudarla a vivir una vida mejor. Así fue que una chispa encendió una llama que me ayudó durante los años en que vendía papel a las empresas: facturas, cheques de nómina, formularios de seguros y hojas membretadas. No eran sólo papeles impresos. La venta de un formulario de negocio proporcionó fondos para cientos de miles de personas. Por ejemplo, cuando vendí diez mil cheques a la fábrica de gafas de sol llamada Oakley, los empleados de la planta de impresión de Moore trabajaron mucho para hacer ese material y recibieron un salario para pagar sus cuentas mensuales. Además, la compañía que reparaba las máquinas de impresión realizaba el mantenimiento, y, finalmente, el fabricante de la prensa recibió órdenes para nuevas prensas. La fábrica de papel produjo el papel. Los choferes de camiones condujeron los troncos de los árboles a los molinos para convertir la madera en papel. Y sí, los madereros tuvieron que cortar los árboles. Cada uno en todo el proceso recibió una compensación como consecuencia de ese cheque de nómina. Además, los que trabajaban en la fábrica Oakley recibieron su salario en los cheques que diseñamos. Estos fueron depositados en sus cuentas bancarias para que pudieran pagar sus gastos y poner comida en la mesa para sus familias. Encontré el significado y la importancia de la venta de papel para empresas, y usaba mi hilo dorado para hacerla con eficacia.

Si yo, de alguna manera, pude encontrar el significado de vender papel, no tengo duda de que usted puede también podrá hallarlo en el área de actividad para la cual nació. Creo que cuando usted descubra su hilo dorado, se convertirá en una persona altamente efectiva y exitosa de manera que ni siquiera puede imaginarse. Si ese es uno de sus deseos, siga leyendo. Estoy a punto de compartir con usted lo que está en el corazón de este libro.

La destreza de la persuasión

En cada intento de transacción hay un vendedor y un comprador. O el primero convence al segundo de que él debe comprar, o este persuade al vendedor de que no debería hacerlo. Ya se trate de un producto, servicio, filosofía o idea, la gente compra algo o lo rechaza, dependiendo de lo persuasiva que sea la presentación. Si usted es el presidente de una gran empresa, empresario, gerente, ama de casa o estudiante, alguien va a tratar de convencerlo de que haga algo todos los días de su vida. Y los grandes triunfadores serán aquellos con la capacidad de persuadirlo a usted y a los demás.

Independientemente de su área de trabajo, su capacidad de persuadir determina directamente hasta dónde va a ir y lo rápido que va a llegar allí, así como la cantidad de dinero que ganará y a cuántas vidas impactará. Su capacidad de persuadir le ayudará a labrarse la vida que sueña tener y también a mantenerla. Impactará casi todas las áreas de su vida, a su cónyuge, a sus hijos, y el legado que deja atrás. ¿Por qué? Porque la persuasión es simplemente el arte de hacer que la gente lo siga. Las personas que usted persuade seguirán su sugerencia para comprar algo y su ejemplo, cuando se sientan perdidos. Lo buscarán cuando necesiten un consejo matrimonial. Lo seguirán en las redes sociales e, incluso, leerán sus libros. Si usted es lo suficientemente convincente, lo seguirán hasta los confines de la tierra.

El libro que sostiene en sus manos le mostrará herramientas poderosas que cambiarán su vida: cómo dirigir a la gente a un punto de tomar decisiones que pueden alterar su vida para lo mejor. En esencia, estas herramientas ayudan a guiar a las personas a tomar decisiones transformadoras. Si se anima a implementar los principios que se desarrollan en los siguientes capítulos, usted se convertirá en una persona mucho más persuasiva, poderosa, próspera, y exitosa. El contenido de este libro le ayudará a alcanzar sus objetivos con mayor eficiencia y rapidez.

Los conceptos que discutiremos son de gran alcance, pero si se aplican de forma inapropiada, el resultado podría ser perjudicial. Por eso la integridad es una de las anclas del *Poder de persuadir*; sin ella nos volvemos egoístas, apáticos, irrelevantes, y en última instancia, destructivos. Con integridad nos aseguramos de que vamos en la dirección correcta y de que nuestro objetivo es mejor para todos aquellos a los que deseamos servir. ¿Se considera usted una persona de éxito o solo un poco por encima del promedio? ¿Está camino a alcanzar su máximo potencial o se halla atrapado en un patrón de estancamiento? ¿Está donde quiere estar? ¿Está haciendo lo que quiere hacer? Si no, tal vez lo que lo detiene es su capacidad de persuadir. Mi objetivo en este libro es ayudarlo a convertirse en un líder persuasivo, un comunicador persuasivo, un «solucionador de problemas» persuasivo, y una persona que cierra tratos en forma persuasiva. Cada una de estas cuatro áreas es imprescindible para tener una gran carrera, un gran negocio, una gran familia y un gran matrimonio.

Mapa de carreteras

El primer paso en nuestro viaje es el más importante. A menos que usted esté persuadido, nunca será capaz de persuadir a los demás. Antes de que pueda vender, usted primero tiene que comprar. Les digo a los empleados de ventas que necesitan ser dueños de sus propios productos cuando sea factible. Deben creer que el suyo es el mejor del mundo. Si no, tienen que trabajar para la compañía que los produce de la mejor calidad. Esto mismo es cierto para los líderes. Deben creer que su organización y las personas que lideran son los mejores. De lo contrario deberán esforzarse para que sea así. Independientemente de su línea de trabajo, de la empresa en la que se desempeña, de su carrera o de su posición, ¡sea persuasivo! Tome este libro y su contenido en serio. No subestime el poder de persuadir y el importante papel que cumple en cada una de las cuatro áreas mencionadas anteriormente: el liderazgo, la comunicación, la solución y el cierre. Si realmente desea alcanzar su máximo potencial y avanzar más allá de lo que lo detiene, debe abrazar el poder de persuadir.

Como ya he indicado, *Poder para persuadir* se divide en cuatro secciones: liderazgo persuasivo, comunicación persuasiva, soluciones persuasivas, y cierres persuasivos. En primer lugar, veremos cómo los líderes persuasivos construyen una moral saludable y cómo eso impregna toda la organización. Usted aprenderá la mejor manera de descubrir su hilo dorado y de ayudar a otros a hacerlo.

En segundo lugar, verá cuáles son las herramientas que los grandes comunicadores persuasivos utilizan en su hablar, en su escribir y en su liderazgo. La comunicación persuasiva es una de las maneras más poderosas para dirigir a las personas a tomar decisiones transformadoras.

En la tercera sección, aprenderá cómo llegar a ser a una persona que resuelve problemas de manera persuasiva para que todos los involucrados se beneficien. Sus habilidades de negociación aumentarán, así como su capacidad para ganar la confianza de los demás.

Por último, usted conocerá algunas de las mejores maneras de ejecutar el cierre en las transacciones, los acuerdos y las oportunidades de ventas, así como la forma de tomar algunas de las decisiones más importantes de su vida. Mucha gente sabe cómo dirigir y comunicar. Pocos pueden hacerlo. Aun menos pueden resolver problemas, y muy pocos pueden cerrar el trato para implementar adecuadamente las cuatro áreas. Mi esperanza es que al final de este libro usted haya aprendido a dominar todas estas destrezas.

Permítame añadir que yo vengo de una «familia loca». Mi mamá y mi papá se separaron cuando yo tenía tres años, se divorciaron cuando tenía nueve años, y cada uno de ellos formó una nueva pareja. Entre mis padres, madrastras y padrastros hay once divorcios. Mi mamá fue la sexta esposa de mi padrastro. Como se puede imaginar, las reuniones familiares eran interesantes.

Toda esta locura familiar hizo mella en mí. Mis hábitos de estudio eran horribles. Vi a mis compañeros de clase avanzar mientras yo me esforzaba para entender el material. Era un terrible lector y ninguna de mis tareas escritas tenían sentido. Ninguno de mis maestros creían que llegaría a ser un autor, mucho menos, un conferencista internacional. Pero ¿cómo lo hice?

Obviamente algo sucedió que cambió mi rumbo. Usted va a descubrir algunas de las pistas a lo largo de las páginas de este libro, pero se dará la respuesta explícita en la conclusión. Por favor, no vaya ahí directamente. Es importante que haga este viaje como estaba previsto. Menciono esto para que usted sepa que si yo pude hacerlo, usted también puede. Si se enfrenta a una adversidad abrumadora, creo que se puede superar. Sea fiel al leer este libro de principio a fin y ponga en práctica lo que dice.

Al terminar la introducción, quiero decirle que hay buenas noticias. Usted no escogió este libro por accidente. Usted no lo está leyendo por casualidad. Usted tiene un propósito en la vida. Tiene un gran destino. Tiene un futuro brillante y maravilloso. Así que comience a visualizar el potencial que tiene para convertirse en todo lo que está destinado a ser. Creo que este libro va a jugar un papel muy importante en guiarlo a alcanzar su máximo potencial. Si verdaderamente quiere el poder para persuadir y para dirigir a los demás hacia decisiones transformadoras, dé vuelta a la página, y comencemos este viaje, juntos.

PODER PARA PERSUADIR

SECCIÓN I

LIDERAZGO
PERSUASIVO

PODER PARA PERSUADIR

Capítulo 1

CONVIÉRTASE EN ALGUIEN A QUIEN LA GENTE QUIERE SEGUIR

Usted es un líder y un seguidor. Las personas con las cuales está en un momento específico determinarán quién es usted. Mi pregunta es, si usted es un líder: ¿es bueno? Puede ser un líder eficaz sin ser un jefe, pero no puede ser un jefe eficaz sin ser un líder eficaz. Entonces, ¿qué es lo que caracteriza a un líder eficaz? Sabe a dónde va. Realmente cree en la misión y, a la vez, mantiene en mente el interés de sus seguidores. En pocas palabras, un líder es alguien a quien la gente quiere seguir.

¿Cómo se convierte en alguien a quien la gente quiera seguir? En este capítulo, vamos a ver los valores que cada líder persuasivo tiene y cómo estos los separan de los líderes mediocres. Usted aprenderá cómo crear la moral sana a su alrededor y cómo impactar positivamente toda la organización. Echemos un vistazo a la primera característica que se encuentra en grandes líderes: *la integridad.*

1. Integridad

David se mudó a Estados Unidos desde México cuando tenía seis años de edad. Después de sesenta y cinco años de vida tranquila, en San Diego, recibió una carta del *Servicio de Impuestos Internos* que indicaba que querían ver los libros de la contabilidad de sus negocios de los tres años anteriores. Él aceptó con cautela. Cuando el agente analizó las transacciones financieras de sus negocios, algo raro le llamó la atención. Según los informes, David había regalado millones de dólares a organizaciones de caridad sin fines de lucro. Esto fue altamente sospechoso para el agente del Servicio de impuestos. Él dijo: «Supuestamente usted regaló cerca de $5 millones durante los últimos tres años, y me parece difícil de creer. Vamos a continuar esta investigación que se remonta a siete años antes. Tenemos que ver todos los recibos para sus contribuciones caritativas durante el período que estamos investigando». David le pidió a su contador que le proporcionara al agente del gobierno lo que necesitaba.

El contador recorrió las instalaciones de almacenaje y archivos hasta que encontró cada recibo y cheque cancelado. Después de tres semanas, finalmente el agente emitió una decisión. Al principio, le era difícil creer que alguien pudiera fundar y mantener varios negocios con el único propósito de apoyar a sus organizaciones favoritas sin fines de lucro. Después de investigar profundamente cada transacción, el agente encontró un sistema de contabilidad impecable respaldado por un hombre de gran integridad. El representante decidió escribirle una carta a David felicitándolo por su mantenimiento de registros y su filantropía. David puede ir a donde quiera, hacer lo que desee y comprar lo que tenga ganas. Cuando le pregunté cuál era su rasgo más valioso, respondió: «Mi integridad es la base sobre la que he construido todos mis éxitos». Esta es una de las principales razones por las cuales la gente de toda la organización valora altamente su ejemplo. Los líderes persuasivos tienen integridad y viven su vida más allá de los reproches, incluso cuando parece que nadie está mirando.

Ya sea usted un presidente, un ama de casa, un propietario de pequeños negocios, un médico, un maestro, un padre soltero, un deportista, un obrero de fábrica o un estudiante, la cualidad de liderazgo más importante que usted puede tener es la integridad. No puede comprarla. No puede pedirla prestada. Si la pierde, es difícil de recuperar. Es la base para todos los demás rasgos de liderazgo. Es el estándar para hacer lo correcto cuando nadie está ahí para detenerlo o felicitarlo. Si quiere que la gente lo siga, debe demostrar un compromiso de vida más allá del deber.

Usted no puede ser responsable por el nombre que sus padres le dieron, pero es responsable por lo que la gente piensa cuando oye su nombre. Así que cuando la gente piensa en usted, debería pensar en alguien honesto y recto. Ellos deben pensar que usted es una persona de palabra y que sus normas de vida son decentes y buenas. No miente ni tolera la mentira. Usted no engaña y no colabora con los que lo hacen. No habla a espaldas de los demás. Los líderes persuasivos no son insípidos. Atraen a la gente que confía en ellos, porque nada construye más rápido la confianza que la integridad.

2. Dedicación

El 13 de marzo de 1996, tenía grandes expectativas y mucho entusiasmo por un evento que había organizado. Sólo había un problema. Yo era el único entusiasmado con él. Un mes antes, había comprado un remolque de doce metros que servía de escenario, un sistema de sonido, la iluminación para el escenario y un generador de 13,000 W. Organicé una gira para viajar de ciudad en ciudad, dando conferencias al aire libre para ayudar a los miembros de pandillas, drogadictos y personas que vivían en zonas marginadas. Desde que iba a la universidad sentía el deseo de ayudar a los jóvenes desfavorecidos a liberarse de sus patrones destructivos.

La primera noche de la reunión, dos amigos y yo llegamos temprano para preparar todo el equipo. Había contratado a un grupo musical para abrir el espectáculo, pero ninguno de ellos llegó hasta la hora de su participación. Nadie de mi familia se presentó antes, tampoco. Trabajé todo el día, me metí en la parte de atrás de mi camioneta, me afeité, me puse el saco y fui el anfitrión del evento.

A pesar de la falta de apoyo de las personas cercanas en mi vida, algo maravilloso sucedió. Durante la tercera reunión, las multitudes sumaban más de mil quinientos. Fue entonces cuando mis familiares y amigos comenzaron a ver mi firme compromiso y finalmente se acercaron para ayudar.

¿Las personas dudan en seguirlo? Si es así, es posible que necesiten la seguridad de que usted esté comprometido a hacer lo que dijo que haría. Si se preocupan por su causa y sienten que es digno, buscarán una razón para confiar en usted. Pero no espere que la gente venga a su alrededor desde el principio. Los donantes esperan, los coordinadores son reacios, los trabajadores son lentos y los voluntarios se mantienen a distancia hasta que están convencidos de que usted está cien por ciento dedicado a la causa. Esa seguridad siempre lleva tiempo.

Cuando reflexiono sobre mi pasado, veo claramente que al principio no le proporcioné a la gente la seguridad necesaria para confiar en mí. Cuando empecé, no tenía historia. Sin embargo, veinticinco años después, le he hablado a más de cuatro millones de personas en eventos en vivo, en todo el mundo, algunos seculares y otros religiosos. Hoy en día, me es mucho más fácil conseguir el apoyo, el respaldo y los voluntarios necesarios porque hay una historia de dedicación y de constancia.

Es difícil dirigir a los demás cuando uno no está totalmente dedicado a la causa. Cuando un líder está en conflicto, las personas lo detectan. Los seguidores sólo pueden ser tan dedicados a la causa como su líder. Eso es un grave problema con la política de hoy. Pocas personas creen que los políticos se dediquen incondicionalmente a lo que proclaman. El sentimiento general en todo el mundo es que ocultan la verdad, que no proporcionan información y simplemente les dicen a sus electores lo que quieren oír. Cuando la gente duda de la dedicación de un líder, no lo seguirá. Así que si quiere ser un líder persuasivo, dedíquese de manera clara y genuina a su causa.

Mientras la gente lo observa, lo evalúa. Tarde o temprano, sus actos pintarán un cuadro exacto de sus convicciones y de lo que es importante para usted. Las personas pueden creer o no lo que dice, pero siempre creerán lo que hace. Las acciones hablan más que las palabras; muestran a los demás qué tan dedicado está usted a la visión. Los líderes que toman decisiones abnegadas para la misión demuestran su entrega y, por lo tanto, construyen un fuerte seguimiento.

Escuché un reporte acerca de una persona que trabajó durante treinta y seis años para una compañía de taxis de New Hampshire. Comenzó su tarea contestando el teléfono. Luego esta persona se convirtió en un conductor de taxi y trabajó durante los últimos veintiséis años, de lunes a viernes, de 9:00 a.m. a 5:00 p.m. No utiliza un sistema de posicionamiento global (GPS en inglés), no falta al trabajo en caso de enfermedad, no excede el límite de velocidad y es uno de los trabajadores más solicitados en la compañía. Ella está cumpliendo noventa años y ha ayudado a muchos compañeros con su gran ejemplo de dedicación y de constancia. He conocido a muchos conductores de taxi en mi vida, pero pocos tienen sus credenciales y su consistencia. El esmero de la tía Dottie en el trabajo es obvio. Apunta a una fuerte ética que la gente encuentra atractiva.[1] Si

15

me perdiera en la costa este, yo confiaría en alguien como la tía Dottie para indicarme la dirección correcta. Durante casi cuatro décadas, sus acciones han hablado más que sus palabras. Los seguidores están en busca de líderes cuyas acciones son coherentes con sus palabras. Muestre su dedicación y la gente lo seguirá.

3. Sabiduría

Me senté a la mesa con uno de los grandes comunicadores de América Latina. Él tenía un programa diario de cuatro minutos que salía al aire en estaciones de televisión en todo el continente. El audio de su programa televisivo iba a cientos de emisoras radiales y se transmitía el mismo día. La transcripción del audio se enviaba a periódicos en casi veinte países para su columna diaria. Cada día, más de 1,100 estaciones de televisión y de radio, junto con los periódicos, transmitían su pensamiento. Le pregunté durante nuestro desayuno: «¿Cuál fue la lección más importante que aprendió en estos años?».

Sin dudarlo, dijo: «Yo no trato de rodearme de gente que simplemente es inteligente. Las personas inteligentes pueden ser arrogantes. En su lugar, me rodeo de gente sabia. No se puede ser sabio y arrogante, porque con la sabiduría viene la humildad».

Hace ya casi veinte años que tuvimos esa conversación, y puedo decir sin ninguna duda que él tenía toda la razón. Los líderes sabios toman decisiones acertadas y, cuando no lo hacen, son los primeros en admitir su error.

Algunos líderes son dedicados e íntegros, pero es raro encontrar uno que abrace la sabiduría también. La sabiduría separa a los grandes líderes del resto de la manada. Ellos escuchan antes de hablar. Toman decisiones y forman sus opiniones con cautela. Al considerar a dónde mudarse, cuándo cambiar de trabajo, dónde estudiar, o con quién casarse, los líderes persuasivos utilizan una deliberación sabia y demuestran a sus seguidores su habilidad de examinar las distintas opciones.

Cuando las personas describen su vida, ¿utilizan la palabra sabio? ¿Vienen a pedirle su consejo? Lo llaman y dicen: «Necesito su ayuda». ¿Le dicen en una reunión: «Me gustaría conocer su opinión sobre el asunto»? Si no es así, ahora es el momento de convertirse en alguien a quien la gente quiere seguir, alguien que la gente busca porque es sabio.

Si usted quiere ser eficaz en persuadir a otros para que tomen decisiones transformadoras, debe demostrar que los oye. Ellos necesitan sentir que usted ha tomado el tiempo para considerar intencionalmente los diferentes resultados de cada decisión que los afecta y que realmente le importa. Cuando sus seguidores sienten que sus decisiones son guiadas por discernimiento y buen juicio, la confianza en usted se incrementará. Como usted demuestra la capacidad de predecir con exactitud un resultado prudente y saludable para ellos, su círculo de seguidores de confianza se solidificará y crecerá.

La sabiduría no se puede medir, pero es una habilidad que se puede desarrollar. Y puesto que es una habilidad, puede ser aprendida y enseñada. Una pregunta que a menudo me hacen es: ¿Cómo puede una persona llegar a ser más sabia? Si usted pone en práctica los siguientes tres principios, crecerá en sabiduría y la podrá aplicar en todas las áreas de su vida.

En primer lugar, pase tiempo con personas sabias. Mire cómo toman decisiones. Descubra su paradigma para la vida. Un hombre sabio una vez escribió: «No se dejen engañar: "Las malas compañías corrompen las buenas costumbres"» (1 Corintios 15:33). Un antiguo rey dijo una vez: «El que con sabios anda, sabio se vuelve; el que con necios se junta, saldrá mal parado» (Proverbios 13:20). Usted ha oído el dicho antiguo que reza: «Dime con quién andas y te diré quién eres». Usted tiende a ser como las seis personas con las que pasa la mayoría de su tiempo (sus hijos, su cónyuge y su familia cuentan como uno).

En segundo lugar, cuando se enfrenta a una decisión, pregúntese si está reaccionando o respondiendo. Si está reaccionando puede ser a la defensiva, de manera explosiva y violenta. Por otra parte, si está respondiendo su actitud será algo planeado y reflexivo. Puede servir como una forma saludable de resolver conflictos o de tomar una decisión. Esto es cierto en su familia, en el matrimonio y en la amistad. También con su jefe, los empleados, los clientes y el equipo directivo. Aprenda a responder y no reaccionar de forma exagerada. Evalúe las consecuencias de sus palabras, antes de abrir la boca.

En tercer lugar, lea la literatura llena de sabiduría que lo lleva a reflexionar. Luego permita que esas palabras lo ayuden a formar sus procesos de pensamiento cuando se enfrenta a una decisión importante. El libro bíblico de Proverbios es una gran oportunidad para comenzar. Si bien la sabiduría es quizás uno de los mayores atributos de un líder, no es el único. Los líderes que son persuasivos también deben ser honorables y estar alineados con causas honorables.

4. El honor

María era una madre soltera que vivía en las calles de América Central. Vendía su cuerpo por dinero para alimentar a sus dos hijas pequeñas. Dormían bajo una lona de plástico, sostenida por dos cajas de madera. Un amigo que vive en América Latina pasó por su casa improvisada en el callejón y decidió intervenir. Le dijo: «Yo quiero poner un techo real sobre su cabeza». Al principio, ella pensó que le estaba mintiendo o que quería algo a cambio. Él le aseguró que ella no tendría que pagarle un centavo. Contactó algunos donantes, encontró un pequeño lote y le construyó a ella y a sus dos hijas un nuevo hogar. No era una mansión, pero los 55 m² de construcción le dieron lo que todo ser humano quiere: dignidad. Una vez que la casa estuvo completa, su organización le ofreció clases para que pudiera aprender un oficio.

Después de dos años, la vida de María fue transformada. Tenía un trabajo que le permitía abastecer las necesidades de su familia. Ella era la orgullosa propietaria de una pequeña casa de un dormitorio con un baño y agua potable. Después, mi amigo mostró a sus donantes lo que había hecho con el dinero que ellos habían entregado y agregó: «Hay otra María que vive en algún lugar en las calles de esta ciudad centroamericana. Por favor, ayúdenme a encontrarla. Quiero ayudarla a levantarse y ponerse de pie». En los últimos años, mi amigo ha ayudado a cientos de madres solteras como María a encontrar una manera de salir de la miseria.

Claro, no todo el mundo trabaja en las calles para rescatar a las prostitutas y a sus hijos que viven sin hogar. Aun así, este hecho muestra una visión que es honorable y verdadera. Líderes persuasivos son honorables, justos y equitativos, y buscan el resultado ganar / ganar. Los grandes líderes no son sólo honorables; también apoyan causas honorables. Se conectan a las causas justas que son buenas, beneficiosas y que apuntan hacia el mayor bien para la sociedad. Los líderes comunican a los partidarios cómo la organización está levantando la calidad de vida de los demás. Esto ayuda a construir la moral corporativa.

Si usted vende papel para fotocopiadoras, productos higiénicos, tuercas, o bolsas de basura, intente ver la honorabilidad en lo que usted vende. Si dirige a los maestros, trabajadores de la línea de montaje, o voluntarios sin fines de lucro, ayude a su organización a ver el impacto positivo que tiene en sus integrantes y en sus clientes. Evite comparar la moralidad de lo que hace con la causa de otras organizaciones. No todas rescatan a las prostitutas y a sus hijos de las calles. En su lugar, enfóquese en la forma que puede cambiar el mundo para mejor. Entonces, al igual que los donantes y los trabajadores dieron su dinero y ofrecieron su tiempo, los seguidores vendrán a apoyarlo. Haga su causa honorable. Visualice cómo ayudar a las personas y elevar su calidad de vida. Transmita eso a todo el mundo que lo rodea. Líderes persuasivos comunican de manera convincente el impacto que su misión tiene en el mundo. Al hacer esto, usted no tendrá que rogar a la gente que lo siga. En cambio, ellos querrán hacerlo.

5. Ánimo

Era un día frío en Dallas, Texas. Salí del hotel a las 6:00 a.m., pasé por mi cafetería favorita para comprar una taza de té verde y me dirigí a las oficinas corporativas de uno de los motivadores más grandes del siglo XX: Zig Ziglar. Tom, el hijo de Zig, me había invitado a hacer una presentación motivadora durante su seminario, por Internet, a más de mil espectadores. Cuando entré, a las 8:00 a.m., casi no podía creer quién estaba parado en el pasillo. Era el famoso Zig Ziglar. El hombre de ochenta y cuatro años, orador de renombre, me miró y extendió su mano en un cordial saludo.

Me presenté y le dije:

—Sr. Ziglar, es un honor.

—El honor es mío, Jason. ¿Estás casado?, —me preguntó.

—Sí, señor —le respondí.

—Bueno. Déjame contarte el secreto para un matrimonio saludable. Entonces, sin romper el contacto visual, dijo: «No dejes de cortejar a tu esposa». ¡Qué poderosa y sucinta declaración. He guardado esa pepita de oro desde aquella mañana del 26 de enero del 2011. Ahora voy a rebobinar la historia y rellenar los espacios en blanco para usted.

La biografía de Zig es extensa. Se dirigió a millones de personas en los eventos en vivo durante su larga y prestigiosa carrera. Escribió más de treinta libros y produjo más de cincuenta programas de capacitación y motivación en audio. Incluso después de su devastadora caída por un tramo de escaleras en el 2007, que lo dejó con problemas de memoria a corto plazo, siguió viajando y dando conferencias hasta el año 2010.

Cuando esa mañana me reuní con él, me preguntó mi nombre y lo recordó durante toda la conversación. Cuando dije: «Sr. Ziglar, es un honor». Su respuesta fue: «El honor es mío», y sentí que fue sincero. Entonces él inmediatamente continuó la conversación con una pregunta acerca de mi vida personal y me dio buenos consejos. Cuando me fui, me sentí apreciado y, además, motivado para ser un mejor esposo. ¿Por qué? El Sr. Ziglar es un exhortador, y con sus dones y talentos animó a millones de personas en todo el mundo.

El Sr. Ziglar entendía que los líderes pueden capacitar a su gente para hacer su trabajo con excelencia y que si la motivan, pueden ayudar a su gente a alcanzar su máximo potencial. Los empleados motivados pueden hacer lo mismo con una empresa u organización.

Los líderes que no alientan, aprecian o respetan a aquellos

a quienes conducen, inevitablemente permiten que un pozo negro de actitudes tóxicas se desarrollen en su organización. Sin aliento, las instituciones tienden a ser negativas. Con el tiempo, la gente empieza a murmurar y a quejarse. La amargura y la desconfianza se fijan internamente, hasta que, al final, los integrantes se convierten en gente muy egocéntrica. Eso impacta drásticamente en la moral del grupo.

La meta de los líderes persuasivos es guiar a las personas a tomar decisiones transformadoras. No sólo entrenan a la gente, sino que también la motivan y la animan. Tienen la capacidad de mirarle el alma y de transmitirle algo que potencia su vida. Llevan a la gente de un lugar de estancamiento y frustración a otro donde crea que puede ir más allá de cualquier cosa que la detenga.

Cuando los líderes son guías de sus seguidores y les muestran aprecio, respeto y ánimo: eso conduce a la confianza, un sentido de llamamiento y alta moral.

En lugar de esperar que las personas se vuelvan automáticamente positivas, tome la iniciativa y conviértase en un líder persuasivo. Aprenda a entrenar y a animar. Mire el lado bueno de aquellos a quienes dirige y resalte sus rasgos positivos. Cuando usted no está en la presencia de los que lidera, hable positivamente de ellos. El estímulo lleva al respeto, al aprecio, y, lo más importante, a la confianza. Con estas cualidades en una organización, usted se convertirá en el líder persuasivo que está destinado a ser.

Todos estos rasgos: la integridad, la dedicación, la sabiduría, el honor y el ánimo son buenos, pero no son suficientes. Es necesario un sexto rasgo, con el fin de alcanzar su máximo potencial como líder persuasivo: es el sentido del *llamado*.

6. Llamado

¿Qué es un llamado? Es ese hilo dorado que mencionamos antes. Es el trabajo que usted nació para hacer. Le da la sensación de que usted está exactamente donde debe estar. Cuando encuentra su llamando, usted sabe que fue creado para esto: «Yo fui diseñado para esto».

Confucio dijo: «Elige un trabajo que te gusta y nunca tendrás que trabajar un día en tu vida». No estoy de acuerdo. ¿Qué pasa si usted no hace bien lo que le encanta? Las audiciones de American Idol son prueba de que a muchas personas les encanta cantar, pero no pueden hacer una carrera de ello. Los futbolistas no serían buenos gimnastas olímpicos, a pesar de sus deseos de serlo. Los jugadores de la NBA no serían buenos jockeys tampoco. Me encantaría pilotear un Boeing 747, pero ninguno de mis pasajeros podría esperar llegar a su destino con vida. Muchas personas cometen el error de perseguir lo que les gusta y luego tratar de aprender a hacerlo bien.

Más bien, haga lo que usted fue diseñado para hacer, y luego busque la manera de enamorarse de ello. No luche contra aquello para lo cual usted ha sido destinado a ser. Cada uno de nosotros tiene dones y talentos que nos ayudarán a sobresalir en ciertas áreas. Descubra su hilo dorado y enfoque sus esfuerzos en ser lo mejor que pueda en esa área. Eso, mi amigo, es su llamado.

Los líderes persuasivos saben quiénes han sido destinados a ser. Los líderes como Steve Jobs o Nelson Mandela quizás no utilizaron el término «llamado» cuando describían su función, pero si pudiéramos preguntarles, estoy seguro de que consideraban que todos los indicadores señalaban la ocupación que eligieron para sus vidas. La mayoría de nosotros estamos contentos de que hayan prestado atención a esas señales.

Además de conocer su propio llamado, los líderes persuasivos tienen una gran habilidad para ayudar a otros a identificar su hilo dorado. Son mentores que ayudan a otros a alcanzar su máximo potencial en las áreas en las que están dotados. Reconocen a las personas que encajan bien en la organización y las ayudan a tener éxito. Si alguien no parece estar progresando profesionalmente, un buen líder que entiende el concepto de llamado le ayudará a encontrar un camino más adecuado para él.

Todas estas cualidades, integridad, dedicación, sabiduría, honor, ánimo y llamado, ayudan a los líderes a mover sus organizaciones hacia una cultura de la alta moral, ya que si bien en ellas pueden capacitar a su gente en el conocimiento del producto, la fabricación, la comercialización, y las habilidades técnicas, es posible que tengan dificultades para levantar la moral del grupo. La única manera de hacerlo es llegar a ser el tipo de líder en quien confían. Cuando todos estos rasgos confluyen y los líderes se sienten dignos de confianza, la moral se eleva. Cuando la moral sube, la productividad, la eficiencia y los beneficios se incrementan.

Manténgase fiel a su llamado. No se distraiga por la gran cantidad de causas en el mundo. Pocos son dignos de su entrega absoluta. Manténgase enfocado en su hilo dorado. Ayude a otros a alcanzar su mayor potencial. Mientras lo hace, usted se convertirá en alguien a quien la gente quiere seguir.

Pasos prácticos para convertirse en un líder persuasivo

Antes de terminar este capítulo, quiero darle tres ideas que lo van a ayudar en su búsqueda para convertirse en alguien a quien la gente quiere seguir. El liderazgo no es para gente débil. No es fácil. Pero pocas cosas son tan gratificantes como guiar a un grupo de personas destacadas hacia una meta común y enriquecer sus vidas en el proceso. Gran parte de lo que ocurre en nuestra vida es porque tenemos una manera de pensar, la percepción que dice que es posible llegar a ser un líder sobresaliente. Esté abierto a las posibilidades y trate de imaginar las grandes cosas que pueden suceder en su vida.

Una forma de desarrollar sus habilidades de liderazgo es ser voluntario en su organización de caridad favorita. Las organizaciones de caridades bien organizadas siempre están buscando voluntarios. Nada construye cualidades de liderazgo más rápido y más eficientemente que trabajar con voluntarios. A diferencia de los empleados, ellos sirven porque quieren. Están ahí porque apoyan la causa. Si usted puede aprender a motivar a los voluntarios, desarrollará las habilidades esenciales para llevar a la gente a tomar decisiones transformadoras.

Invierta tiempo en un comedor de niños, un refugio para desamparados, una iglesia, una sinagoga o un centro comunitario. No espere que su experiencia sea fácil. Usted descubrirá que por lo general la gente pone sus carreras, sus familias y otros compromisos importantes antes que aquello por lo cual se ofrecen como voluntarios. Su servicio toma un lugar de menor importancia que todo lo demás, así que su paciencia y su compromiso de ser un líder se pondrán a prueba. Sin embargo, si puede persuadir a los voluntarios para que lo sigan, tiene las herramientas para motivar casi a cualquier persona.

Una segunda manera de desarrollar sus habilidades de liderazgo es ofrecer sus servicios sin costo alguno a un líder que admira. Muchos grandes líderes no aceptarían un estudiante a cualquier precio. Sus horarios generalmente se lo impiden. Pero no le debería costar nada a un gran líder enseñarle a usted. Esto es especialmente cierto si usted busca una manera de servir a ese líder en un área en la que él o ella tienen una necesidad. Mientras le sirve, usted será capaz de recoger importantes lecciones observando cómo responde a situaciones de la vida. Cuando se presenta la oportunidad, pregunte al líder. «¿Cuáles son las lecciones más importantes que ha aprendido en estos años?». También puede considerar la siguiente pregunta: «Si pudiera regresar treinta años atrás, ¿qué consejo se daría para prepararse para hoy?».

Si usted se compromete a servir a un líder que admira, ¡sea una persona de palabra! Cuando las personas me piden que sea su entrenador de liderazgo, siempre les pongo una prueba de una tarea incómoda para ver el grado de compromiso que tienen. Por lo general, voy a pedirles que enderecen, organicen o limpien algo. Una vez, un joven me ofreció ayuda en cualquier área que necesitaba a cambio de que fuera su entrenador de discursos públicos. Le dije: «¡Fabuloso! Regresa aquí mañana a las 5:00 a.m. Estamos preparando la carpa grande con capacidad para cinco mil personas. Trae tus guantes, tus botas y prepárate para sudar». No lo volví a ver. Asegúrese de conocer el costo antes de hacer la oferta. De lo contrario, las puertas de algunos dirigentes se cerrarán para siempre.

Una tercera idea para crecer como líder es ofrecerle algo sin esperar nada a cambio. Averigüe qué regalo les gustaría tener o cuáles son sus intereses. Esto no pretende ser manipulador. En su lugar, usted está buscando una manera de bendecir su día, nada más. Descubra lo que habla a su corazón. Usted cosecha lo que siembra: siembre las cosas buenas en las vidas de los líderes que admira y cosechará el conocimiento sobre cómo convertirse en un líder a quien la gente quiere seguir.

En este capítulo, hemos hablado de seis características de los líderes persuasivos y el importante papel que desempeñan en sus vidas. Vimos que la integridad es la base de todo gran líder. Zig Ziglar lo resume así: «Usted puede conseguir todo lo que el dinero compra sin una pizca de carácter, pero no puede conseguir nada de lo que el dinero no compra —la felicidad, la alegría, la paz mental, las relaciones sanas, etc.— sin carácter».[2] Sin la integridad, es imposible dirigir constantemente a la gente hacia decisiones transformadoras.

La dedicación y el compromiso demuestran a sus seguidores que está dispuesto a hacer los sacrificios necesarios para llevar la causa adelante. Los partidarios, trabajadores, donantes y voluntarios son reacios a apoyar hasta que estén convencidos de que están plenamente comprometidos con la visión de la organización.

A continuación discutimos la importancia de la sabiduría. Tenemos que trabajar duro para llegar a ser sabios. Los grandes líderes demuestran la habilidad de pensar claramente en su manera de tomar decisiones y luego compartir sus opiniones con prudencia.

Los grandes líderes demuestran la diferencia que su organización está haciendo en el mundo y cómo las vidas se enriquecen como resultado de sus esfuerzos. Todo el mundo quiere sentir que está haciendo una diferencia y los líderes persuasivos enseñan a sus seguidores cómo lo hacen precisamente.

Los animosos intentan que sus organizaciones no caigan en un pozo negro de pesimismo y amargura. Una de las razones principales por las cuales las personas dejan sus puestos de trabajo no es a causa del salario ni de los horarios inconvenientes, ni de las malas condiciones de trabajo. Según Forbes, la gente dice que deja el trabajo porque no se siente apreciada o respetada.[3] Ellos no sienten que su líder los escucha. Por lo tanto, sea un motivador. Resalte lo positivo. Busque maneras de ayudar a su gente a romper las barreras que les impiden avanzar. Nunca murmure o hable negativamente a espaldas de su gente, y no permita que otros lo hagan tampoco.

Finalmente, los líderes persuasivos conocen su llamado y qué han sido llamados a hacer. Ellos tienen una idea clara de su hilo dorado. También ayudan a otros a identificar el suyo, ya que invierten tiempo en aquellos a quienes dirigen.

Manténgase fiel a su llamado. Permanezca alineado con sus dones y destrezas. No se quede atrapado en otras causas que no se conectan claramente con su hilo dorado. Los líderes, mientras se mantienen en el mensaje, guían a la gente a tomar decisiones transformadoras. Si lo hace, le ayudará a ser alguien a quien la gente quiere seguir.

Preguntas para la discusión o reflexión personal:

1. Si pudiera hacer lo que quisiera con su vida, ¿qué haría? ¿Qué dones tendría? ¿Con quién trabajaría?

2. ¿A cuántas personas querría impactar? ¿Cuánto dinero ganaría? ¿Cuántos hijos quisiera tener? ¿Dónde le gustaría vivir o qué sitio desearía visitar?

3. ¿Cuál es su hilo dorado? ¿Cuáles son sus dones y talentos? ¿En qué podría llegar a ser el mejor del mundo si las puertas correctas se abrieran para usted?

4. ¿Cuáles son algunos pasos concretos que puede tomar para llegar a ser alguien a quien la gente quiere seguir?

5. ¿Qué es lo más importante que aprendió en este capítulo?

Poder para Persuadir

Capítulo 2

VISUALICE A DÓNDE LA GENTE NECESITA IR

«De verdad, ¿qué estás haciendo con tu vida?», me preguntó mi mentor. Hasta ese momento, pensé que estaba caminando en la dirección correcta. De repente, su pregunta me hizo dudar. Él siempre había sido un hombre de mucho apoyo y muy perspicaz. Esta vez me empujó hasta el límite de mi autoconfianza. Ese fue el punto. Él quería que yo descubriera cuáles eran mis verdaderas convicciones y por qué creía lo que creía. «¿Qué estoy haciendo con mi vida?», me pregunté. Durante un largo momento, lo único que podía hacer era mirarlo fijamente.

¿Alguna vez se ha preguntado qué está haciendo con su vida? ¿Qué tal ahora? ¿Está satisfecho con lo que es, lo que hace, o dónde se dirige? Independientemente de la posición que tenga, usted probablemente se ha preguntado si la ruta en la que está es la correcta.

En este capítulo, veremos los diferentes rasgos que desarrollan los líderes persuasivos. Estos son el sentido de la percepción, la visión, el propósito, la oportunidad y el favor. Por último, vamos a ver su capacidad para desarrollar un plan efectivo. El primer sentido, la percepción, es el más crucial.

1. Percepción

Aterricé a las 11:00 a.m. en Buenos Aires, una de mis ciudades favoritas en América Latina. Pasé por migración y luego de retirar el equipaje me encontré con la persona que conduciría el vehículo hasta el lugar donde me alojaría. Mientras me llevaba al hotel donde pasaría los siguientes cuatro días, no vi ni una nube en el cielo. En ese momento me di cuenta de por qué llamaron a la ciudad «Buenos Aires».

Después de registrarme, desempaqué mi equipaje y me dirigí al vestíbulo. Mi misión era encontrar una pintoresca cafetería al aire libre y disfrutar de un expreso. El representante del hotel me preguntó si quería un mapa. Yo decliné amablemente. Después de todo, pensé: «¿Quién necesita un mapa o un GPS cuando tiene un excelente sentido de orientación?». Sonrió como si hubiera oído mi conversación interna y dijo: «Me parece bien. Para su información, Sr. Frenn, hay una hermosa cafetería a diez cuadras al norte», mientras señalaba a su izquierda.

Después de caminar diez cuadras en la dirección que me indicó, encontré la pastelería bistro maravillosamente situada con mesas en la acera, a la sombra. Pasé una hora disfrutando de un momento de América del Sur, en el corazón de una gran ciudad. Después de pagar la cuenta, le pregunté a la cajera algo simple para no perderme. «¿Dónde está el Hotel Cristal Palace?». Ella respondió: «Diez cuadras al oeste y dos cuadras al sur». Le agradecí y me dirigí hacia la puerta. Eran alrededor de las 2:00 p.m.

En lugar de seguir las instrucciones para regresar al hotel, decidí dar un paseo. «Diez cuadras al oeste y dos al sur, es todo lo que necesito recordar», pensé. En mi viaje de alrededor de cuarenta y cinco minutos, descubrí que mi brújula interna estaba desorientada. No ligeramente desorientada, sino completamente torcida. Lo que yo pensaba que era el norte, en realidad era el sur, y eso significaba que mi concepto del este y oeste estaba equivocado también. Como resultado, por primera vez en mi vida estaba completamente perdido. No sólo eso, el sol parecía ir en la dirección opuesta a lo normal. Se veía más temprano en el día que cuando llegué al bistro. Me sentí confundido, desorientado y frustrado. Toda mi vida he vivido en el hemisferio norte. El sol siempre sigue un patrón en el cielo austral. Por eso el musgo crece en el lado norte de los árboles. Sólo durante la última semana de junio el sol pasa directamente sobre la cabeza. Buenos Aires es más al sur que Sudáfrica. Para los porteños, el sol siempre está en el hemisferio norte. Así que mi sentido de dirección estaba totalmente invertido. Me daba vergüenza pedir indicaciones cinco veces ese día. Cada vez que alguien me daba instrucciones me decía a mí mismo: «No me parece bien». El oeste está en la dirección opuesta. Por último, con gran frustración y un sentimiento de derrota, paré un taxi y pagué la tarifa para un corto viaje de regreso al hotel. Yo estaba usando mi mapa mental del hemisferio norte, que no funcionaba en Sudamérica.

Si usted sabe cómo leer un mapa, pero tiene el mapa equivocado, nunca llegará a su destino. Si su orientación está al revés o invertida, se perderá. Si piensa que el norte está hacia adelante, pero en verdad está dirigiéndose al sur, siempre se frustrará. Con el tiempo, tendrá que pedir (o pagar) a alguien para que le ayude a volver a su dirección.

La mayoría de la gente piensa que sus problemas son causados por fuerzas externas. Su percepción le dice que otras personas o la falta de recursos la retienen. Pero la mayoría de los problemas son internos, no externos. Nuestros patrones de pensamiento destructivo o mapas inexactos nublan nuestra visión emocional y nos mantienen en los mismos ciclos dañinos. Esto no quiere decir que no nos retrasen conflictos externos o dificultades. Todos pasamos por momentos difíciles, situaciones complicadas y relaciones desafiantes. La forma en que interpretamos las cosas determina en gran manera cómo nos movemos hacia adelante. Nuestras reacciones a los problemas son en gran medida determinadas por nuestro sistema de navegación emocional. Al igual que un piloto depende de su panel de instrumentos para indicar la velocidad náutica, la altitud, el viento, la cantidad de combustible y la presión del aceite, nosotros dependemos del sistema de navegación que nos dice si algo es ofensivo, demasiado duro, divertido, deprimente o significativo. Nuestro sistema de navegación es el cableado para guiarnos hacia lo que creemos que es placentero y, a la vez, evitar lo que es doloroso. ¿Y cuál es? En definitiva, es nuestra percepción. Es la forma en que interpretamos el mundo que nos rodea. La percepción nos guía y nos informa a través de las tormentas de la vida. Es el factor más importante que determina la forma en que reaccionamos o respondemos a los problemas.

Tome en cuenta que la percepción no se confunde con la perspectiva. Hay una diferencia importante entre las dos. La perspectiva es el punto desde el cual vemos algo, en sentido figurado o literal. Es el ángulo desde el que vemos una casa, edificio, cielo, objetos físicos, personalidades, problemas o situaciones. La percepción es la forma en que interpretamos los datos que ingresan a nuestra mente desde cualquier punto de vista determinado.

Había un tiempo cuando las personas realizaban sus llamadas telefónicas por medio de un operador. Este, sentado en una central telefónica, tomaba el cable asignado a la persona que quería hacer la llamada y lo conectaba a la toma que pertenecía a la persona con quien quería hablar. De vez en cuando, el operador conectaba la llamada al destino incorrecto.

Ahora imagine un cuadro completo de cables asignados a los destinatarios incorrectos. El que usted cree que es el correcto, es alguien completamente diferente. Esa es la condición precisa del sistema de navegación (percepción) para muchas personas que están perdidas y no tienen idea de por dónde van. Cuando los cables emocionales se cruzan en su mente, lo que usted piensa que es bueno y saludable no lo es en absoluto. Lo que usted cree que es divertido puede llegar a ser perjudicial. Lo que usted cree que es una indiscreción inocente podría llegar a ser terriblemente doloroso. Si usted lucha en su relación personal, las finanzas, su carrera, y la familia, puede ser porque sus percepciones están conectadas incorrectamente.

Están aquellos que son ricos, famosos, y afortunados, pero sin embargo, les resulta difícil detener la locura de sus vidas. ¿Cuántas veces miramos las noticias y nos damos cuenta de que otra persona famosa ha sido arrestada por el uso de drogas o sobredosis de narcóticos? Los cables emocionales que construyeron sus percepciones afectaron en gran medida la forma en que veían la vida. A pesar de que supuestamente tenían todo, sus percepciones lo guiaron a la destrucción.

Por otro lado, vemos a las personas que vienen de condiciones socioeconómicas difíciles, que superaron obstáculos insuperables para llegar a ser empresarios, maestros, médicos, abogados, autores, padres y cónyuges altamente eficaces. La diferencia entre los que caen en patrones destructivos y los que viven una vida sana, no es dónde están situados en la vida (la perspectiva), sino cómo la ven e interpretan (la percepción).

Aquellas personas que necesitan desesperadamente revisar su percepción quizás no se dan cuenta de que su interpretación del mundo está contaminada. No están viviendo la vida, apenas están sobreviviéndola. Como líder debe estar en sintonía con su sistema de navegación, pero mantenerlo saludable es imprescindible.

Su punto de vista (en el que está situado en la vida) puede ser un reto en este momento. Usted puede trabajar con personas que son hostiles o groseras. Tal vez está atascado en la pobreza o en un hogar disfuncional. A lo mejor sus hijos son rebeldes o su matrimonio es un desastre. Es posible que tenga poca educación. La cuestión no es cómo estas cosas están afectándolo, sino más bien cómo usted las maneja y responde a ellas. Con el fin de formar una percepción más saludable, primero debe abrazar la verdad.

Los líderes persuasivos tienen una brújula interna que les muestra dónde está el verdadero norte. Cuando vadean a través de una plétora de opciones profesionales y personales, de alguna forma descubren la mejor dirección para su propia vida y luego ayudan a otros a encontrar una manera efectiva de llevar a cabo lo que necesitan. Uno de los modos más importantes en que se convierten en líderes eficaces es buscar su propio camino mediante el desarrollo de una percepción sana. Las tres siguientes ideas le ayudarán a hacer lo mismo.

En primer lugar, hay ciertos absolutos que nunca cambian. Dígase a sí mismo todos los días que el fracaso no es una persona, es un evento y ayer terminó. Cada día es un nuevo comienzo. Usted tiene la libertad de elegir lo que es correcto, saludable y bueno para usted y para aquellos a quienes dirige. Su activo más poderoso no es el dinero, la gente, o las cosas, sino su forma de pensar, y usted puede mejorarla en cualquier momento y en cualquier lugar. Si está vivo, es por una razón. Debido a ello, ya tiene el potencial de desarrollar todos los dones y talentos necesarios para ser altamente eficaz en su hilo dorado.

En segundo lugar, vuelva a la escuela literalmente o en sentido figurativo. Ahora, más que nunca, la educación es eficaz, y en muchos casos es gratis. Usted puede estudiar en su auto escuchando audiolibros o discursos, puede bajar miles de libros en una tableta o en un dispositivo móvil. La Universidad iTunes le da acceso a las clases de educación superior en algunas de las instituciones más prestigiosas del mundo.[1] Ampliando su educación abrirá su mente a las posibilidades de algo poderoso y revolucionario. Su percepción cambiará de «esto no se puede hacer» a «hay una mejor manera, y mediante la adopción de los pasos adecuados, voy a encontrar esa forma de hacerlo».

En tercer lugar, rodéese de personas que lo levantan en lugar de derribarlo. Nutra su mente con pensamientos saludables y edificantes, no venenosos. Comprométase con amistades sanas y busque retroalimentación objetiva de estas personas que lo llevarán al siguiente nivel. Comparta sus metas más importantes con un grupo selecto y maduro que realmente se alegrará cuando usted tenga éxito. Busque una forma de pasar el tiempo con él, regularmente, ya sea en persona, por teléfono o por medios de comunicación social.

Una vez que su percepción se despoje, tendrá una visión clara de hacia dónde tiene que ir. Sin importar el caos, las interrupciones o los conflictos que usted enfrenta, al igual que un piloto, usted podrá hacer frente con eficacia la tormenta.

2. Visión

El hombre tenía cuarenta y cinco años de edad y estaba aterrorizado. Era la primera vez que le habían pedido a Ubaldo que diera un discurso en público. La audiencia no era pequeña, era una multitud. Seis mil miembros de una organización de mercadeo multinivel llenaron la arena de la ciudad y ansiosamente esperaban que contara su historia. Dos grandes pantallas de proyección, seis cámaras, cientos de luces inteligentes, rayos láser, y un inmenso escenario hicieron un espectáculo de sucesos de ventas. Se acercó al podio y extendió su temblorosa mano derecha. Tomó el micrófono y comenzó su presentación.

«Como un niño que vivía en México —dijo— estuve dando vueltas por las calles, muchas veces descalzo, en busca de maneras de ganar dinero sólo para comprar una comidita. Recuerdo hace muchos años cuando no había un solo regalo bajo el arbolito de Navidad y muchos cumpleaños pasaron sin ni siquiera un pastel. Mi padre su murió cuando yo tenía dos años. Mi madre nos amaba, pero no podía soportar la carga de criar a sus nueve hijos. Emigré a los Estados Unidos en 1985».

Después de pintar un cuadro crudo y realista de su humilde crianza, Ubaldo se detuvo por un momento y luego continuó: «Durante años, mi esposa y yo luchábamos por llegar a fin de mes. No podía encontrar trabajo, no podía llevar comida para mi familia, o pagar el alquiler. Recuerdo el peor día de mi vida. Mi esposa tuvo que llevar a mis hijos a vivir con mi suegra. Era humillante. Fue la sensación más horrible que he tenido».

En el momento más bajo, Ubaldo de repente tuvo una epifanía. «Si pudiera crear un negocio que no tenga límites en cuanto a la cantidad de gente a quien poder servir, entonces yo no tendría ningún límite en la cantidad de dinero que podría ganar. A cuantas más personas pueda servir en mi organización, más podrá ayudarme a mantener a mi familia. Mi di cuenta de que la separación con mis hijos iba a ser temporal. Fue entonces cuando decidí hacer los cambios que tenía que hacer, cambios espirituales, de carácter, y de visión. En cuestión de semanas, me puse una meta para ayudar a quinientas personas a conseguir un trabajo para que ellos también pudieran mantener a sus familias. Muchos de ustedes son el producto de esa visión». La multitud comenzó a aplaudir.

«El día más feliz de mi vida fue cuando traje de vuelta a mi esposa y a mis hijos, —dijo Ubaldo—. Se fueron en un auto, pero volvieron en avión, gracias a una buena bonificación que recibí de mi negocio de tres mil dólares. Desde entonces, nunca más hemos tenido que vivir separados. Y lo más importante es que miles de personas aquí, en esta noche, no tienen que dejar a sus familias tampoco. Juntos, durante el año pasado, vendimos 50 millones de dólares de artículos de hogar a las personas y familias, y les ahorramos miles de dólares. Juntos hemos ayudado a 50.000 personas a unirse a esta organización. Los ayudamos a iniciar sus negocios. Juntos, hemos impulsado a las familias a redescubrir su dignidad. Y juntos, vamos a seguir cambiando decenas de miles de vidas para siempre. ¡Gracias, y que Dios los bendiga!».

Ubaldo recibió una ovación de pie aquella noche. ¿Por qué? Su sufrimiento produjo una epifanía. Su epifanía produjo una visión. Su visión produjo acciones. Sus acciones produjeron resultados. Sus resultados produjeron un cambio en él, en su familia, y en miles de otros inmigrantes hispanos que estaban sufriendo también.

¿Por qué una visión es tan importante para un líder persuasivo? Una visión es una imagen mental adonde desea llevar a la gente. Si su percepción es sana y clara, entonces su capacidad de ver adonde desea llevar a la gente será clara también. Henry Ford veía un mundo donde sus líneas de montaje producían un vehículo. Steve Jobs imaginaba uno en el que las cámaras, aparatos de música, calendarios, libretas de direcciones, juegos, tarjetas de crédito y de embarque, y millones de otras funciones serían digitales; y todo contenido en un dispositivo de mano. La NASA veía una nave espacial que podría transportar materiales al espacio, regresar a la tierra y ponerse en marcha nuevamente para futuras misiones. Algunas visiones no son tan concretas como estas. Martin Luther King veía un mundo libre de la división racial. Dietrich Bonhoeffer imaginaba un mundo libre de la tiranía y de la injusticia social. Jesús veía un mundo libre de perdición espiritual, enfermedad física y la opresión diabólica. Todas estas visiones se convirtieron en movimientos, pero cada una de ellas tuvo un humilde comienzo.

¿Tiene usted una visión? Si es así, ¿cuál es? ¿Cuál es su tierra prometida para aquellos que quiere ayudar? ¿Cómo enriquece su visión la vida de otras personas? Si pudiera dirigir a un grupo de individuos, independientemente de su tamaño, ¿qué dicen sus convicciones acerca de cuál es el mejor destino adonde guiarlos? Si usted quiere aportar algo significativo para sus vidas en lo material, productivo, espiritual, matrimonial, familiar, laboral o social, así como en lo relativo a la higiene y a la educación, debe tener una visión que representa claramente cómo se ve su tierra prometida cuando llega ahí.

Como líder persuasivo, debe tener una visión de la meta hacia la que tiene que dirigir a otros. Con el fin de lograrlo, tome tiempo después de leer este capítulo y anote su visión en una hoja de papel o en su tableta digital. Visualice a quiénes ayuda su visión y de qué manera el grupo social experimentará la transformación como resultado. Su visión debe nacer naturalmente de su hilo dorado. Una vez que está clara para usted, entonces puede concentrarse en el porqué hace lo que hace.

3. Propósito

Me senté a la mesa con Robert H. Schuller, el anfitrión del programa de televisión internacional *Hora de poder*. «Tengo muchas ganas de escucharte como nuestro orador invitado —dijo—. Dime, ¿cuál es el título de tu mensaje?».

«Bueno —dije— estoy vacilando entre dos, pero el que me llama la atención es: "Tu *porqué* debe ser más grande que tu *pero*". (En inglés, *"Your why must be bigger than your but"*.) La mirada del Dr. Schuller fue clásica. Un tanto perplejo, preguntó: «¿Perdón?». Entonces le expliqué que «Tu razón para hacer algo debe ser mayor que cualquier excusa que se presente».

«¡Me encanta! —dijo—. ¿Cómo se te ocurrió eso?».

Expliqué que en 1996 mi vida cambió para siempre. Entre el 1 de agosto y el 15 de diciembre de ese año perdí sesenta libras. Mi cintura se redujo de un tamaño de 40 a 33 pulgadas. Cada vez que me dirijo a un grupo, inevitablemente, la gente se me acerca después y pregunta: «Dime, ¿cuál es tu secreto?». Mi respuesta es: «El *cómo* siempre es secundario frente a la *razón* por lo cual se hace algo. Si nuestro motivo es suficientemente fuerte, encontraremos una manera de llegar adonde queremos llegar, comprar lo que deseamos comprar, convertirnos en lo que queremos llegar a ser, o experimentar lo que deseamos experimentar. Un propósito fuerte nos permitirá alcanzar nuestra meta».

«¿Cuál fue tu *porqué* para perder tanto peso?», preguntó el Dr. Schuller. Le expliqué que antes de cumplir los treinta años, fui al médico para hacerme un chequeo completo y después de analizar los resultados de mis exámenes de sangre y mi presión arterial, el doctor me dio una noticia horrible: «Tu presión arterial es de 170 sobre 100, y tu colesterol es más de

290. Si quieres ver a tus hijos tener sus propios hijos, debes disciplinarte y poner todo esto bajo control. Si quieres vivir, no tienes opción».

En cuestión de segundos descubrí un propósito para hacer ejercicio, comer bien y cuidar de mi cuerpo. Era simplemente esto: quiero vivir, no quiero morir.

La mañana siguiente, me levanté y empecé a hacer ejercicio. Aunque fue difícil al principio, corrí noventa segundos y caminé noventa segundos alternativamente con un total de veinte minutos. Eliminé todos los alimentos fritos y carnes rojas de mi dieta. No como después de las 6:00 p.m., trato de dormir ocho horas cada noche, y leo libros sobre salud y nutrición. Después de varios meses, estaba caminando menos y corriendo más con un total de treinta minutos, de lunes a viernes. Cada día corro 4 Km. Mi nivel de colesterol es bajo. Mi presión arterial es normal, y aunque tomo muy pocos medicamentos, estoy en mejor forma hoy que a los veinte años. Si no hubiera descubierto mi propósito o mi *porqué* para hacer los ajustes apropiados cuando era más joven, no podría haber vivido lo suficiente como para escribir este libro.

Tener una poderosa razón para hacer lo que hacemos es lo que hacen los grandes líderes. Su porqué es poderoso. Es fuerte. Su motivo no permite que las excusas que se presentan los descarrilen, los distraigan o les resten valor para continuar hacia adelante. Wilbur y Orville Wright abrieron el camino exitosamente para que podamos pasar de la era del caballo y del coche, a los viajes en avión supersónico. Frente a un viento de adversidad, su motivo para insistir en la aviación era más fuerte que cualquier contratiempo potencial. Lo mismo podría decirse de las fuerzas aliadas cuando derrotaron a los nazis o de la agresión japonesa en el Pacífico Sur. Los hombres y las mujeres pusieron sus vidas en peligro para la libertad. Su razón para hacerlo era más grande que cualquier intimidación o temor que enfrentaban. Ellos descubrieron su propósito y ayudaron a otros a hacer lo mismo.

¿Por qué hace lo que hace? ¿Por qué vive de la forma en que vive? ¿Por qué va a donde va o trabaja de la manera que trabaja? Piense en esto por un momento. Ahora compare la realidad de lo que hace, dónde vive, dónde va, y su forma de trabajar con aquello a lo que aspira, con lo que hace, con lo que vive y con el modo en que trabaja. ¿Hay alguna diferencia? Si es así, usted puede cambiar si descubre su propósito (porqué) siempre y cuando sea mayor que cualquier excusa (pero). Cuando lo haga, podrá lograr lo que se proponga hacer. Ninguna excusa será capaz de evitar que usted se mueva hacia adelante.

Si quiere descubrir un poderoso porqué, hágase las siguientes preguntas:

• ¿Quiénes son las personas más importantes en mi vida?

• ¿Qué es lo más importante que hago?

• ¿Debo hacer algo significativamente diferente para preservar, cultivar y nutrir a las personas y las cosas importantes en mi vida?

• ¿Qué puedo hacer para mejorar estas dos áreas?

Cuando descubra una fuerte razón para el cambio, usted tendrá un propósito: esto es lo que lo motiva. A medida que esto se haga evidente, además de lo que es importante para usted, verá que cuando la adversidad se intensifique, su compromiso será quedarse en el rumbo. Únase con los grandes líderes que entienden este principio. El descubrimiento de su propósito lo llevará a una mejor comprensión de su destino.

4. Oportunidad

Don Judkins nació en una familia humilde. Sus padres se divorciaron cuando él tenía cuatro años y nunca tuvo una vida familiar estable. Se crió sin una fuerte figura paterna debido a que su madre se había casado cinco veces. Después de egresar de la escuela secundaria, tanto él como su futura esposa Maxine, asistieron al mismo centro universitario que se encontraba en el Valle de San Joaquín, en California. Ella también había nacido en la pobreza.

Tres semanas después de su boda, Don fue despedido de su trabajo como aprendiz en un supermercado local. Al día siguiente, él fue a Bakersfield y solicitó un trabajo en otra cadena de supermercados. El sueldo inicial era $57 a la semana. Lo contrataron de inmediato. Financieramente, Don y Maxine enfrentaban muchas dificultades y desafíos. Durante un tiempo, comían cada día una porción de atún en lata. Cada una costaba veintinueve centavos. Según Don, Maxine aprendió todas las maneras imaginables para preparar el pescado en lata.

Con el tiempo las cosas mejoraron. Durante casi dos décadas, Don tuvo una carrera estelar en el negocio de la alimentación. Después de manejar una de las regiones más rentables de la cadena de comestibles, algo le cambió la vida. La empresa lo despidió. En lugar de interpretar eso como una pérdida, lo vio como el tiempo perfecto para una transición importante.

Después de una breve deliberación, la cadena de supermercados se dio cuenta de su error y le rogó que volviera, y lo hizo pero solo por un año. Sin embargo, las señales de la transición en su mente eran claras. Él siempre tenía un interés en la construcción de viviendas, pero estaba demasiado ocupado con el negocio de la alimentación para aprender a utilizar un martillo y clavos. El aparente retroceso de su empleador era una bendición disfrazada. Así que fue a su padrastro, un constructor, y le pidió que le enseñara a enmarcar una casa. Él y Maxine no tenían muchos activos para empezar una empresa de construcción. Sin embargo, Don comenzó su negocio a tiempo completo el 1 de abril del 1976, a los treinta y nueve años de edad. Se estima que treinta y siete años después, se han construido más de 3,300 viviendas, setenta y cinco apartamentos, y muchos edificios de oficinas y viviendas. Hoy Don es uno de los desarrolladores más destacados en el Valle de San Joaquín. Él y su esposa son multimillonarios, y han construido casas para decenas de miles de familias.

Don y Maxine Judkins vinieron de gran pobreza y escasos recursos, y subsistían con galletas y atún. Sin embargo, su sentido de la oportunidad es notable. Hace varios años comenzaron una fundación familiar de caridad, y en la actualidad donan 1 millón de dólares por año. Cada vez que el mercado de bienes raíces tiene subidas de tensión, los Judkins tienen un montón de inventario. Cuando la economía se desacelera, producen menos y bajan sus precios para que su inventario se mueva más rápido que el de otros desarrolladores. Esa es una de las lecciones que Don aprendió temprano en el negocio de la alimentación. Ellos aprovecharon cada transición importante, y han prosperado, impactado a personas y establecido un alto estándar para la filantropía. Tienen un sentido de la oportunidad y de la dirección como pocas personas. Le pregunté a Don cómo lo desarrolló. Su respuesta fue interesante: «Cada vez que echo un vistazo a lo que mis competidores están haciendo —dijo— me pregunto si podemos hacerlo mejor y más asequiblemente. Alguna que otra vez estoy convencido de que sí podemos. Conocer el mejor momento para seguir adelante es una combinación de ver la oportunidad antes de que sea obvia para los demás y hacerlo mejor que sus competidores». Esa es precisamente la razón por la cual los Judkins han tenido tanto éxito.

O tal vez, podría contarle acerca de otro buen amigo, Klaus, que huyó de los nazis y emigró a los Estados Unidos cuando tenía seis años de edad. Desde la década de 1980, él y otros empresarios han comprado estaciones de radio en todo el país. Usted podría pensar que la radio en América del Norte no ha cambiado mucho durante ese tiempo y tendría razón. Pero el crecimiento de población de los hispanos en los Estados Unidos ha sido exponencial. Con los años, Klaus y sus socios de negocios han construido la mayor red de radio sin fines de lucro de habla española en el mundo. El oyente promedio de su red escucha más que los de cualquier otra en el país, más de nueve horas al día. ¿Quién hubiera pensado en establecer una red hispana en la década de los ochenta, en Estados Unidos? Klaus lo hizo.

Le pregunté a Klaus cómo desarrolló su sentido de la oportunidad. Él respondió: «No me gusta sentarme a esperar que la vida me pase volando. Hay que aprovechar la oportunidad cuando se presenta. Muchos dicen que van a participar en algo cuando tienen todos los recursos. Sólo hay un problema: nada es perfecto cuando se inicia».

Su respuesta representa a alguien que entiende que si usted va a impactar al mundo que lo rodea, debe tener sentido de la oportunidad. No se puede esperar a que se produzca el cambio.

John Wooden ganó diez campeonatos nacionales de baloncesto en doce años. Venerado como uno de los mejores entrenadores de baloncesto universitario en la historia, Wooden resume su filosofía de esta manera: «Cuando llegue la oportunidad, es demasiado tarde para prepararse».

Zig Ziglar dice: «Si no agarras los remos de tu barco y empiezas a remar en la dirección correcta, alguien más lo hará. Y créeme, llevarán el barco en la dirección donde quieren que esté. Esperar que todos los semáforos se pongan verdes, que se terminen todas las ocupaciones o que se presente el escenario perfecto, hará que usted espere una eternidad».[2] El momento perfecto para salir adelante ocurre con más frecuencia de lo que cree. Esté preparado.

Como todos los líderes persuasivos hacen, las personas que he mencionado anteriormente anticiparon algo grande. Ellos previeron el momento mucho antes de que ocurriera. Sentían que la gente tenía que moverse antes de que fuera evidente.

Su sentido de la oportunidad determina su efectividad como líder. Le da una ventaja significativa en todas las áreas de la vida. Imagínese sentir el mejor momento para entrar o salir de la bolsa de valores. Imagínese discernir el mejor momento para mudarse de su lugar de residencia, casarse, lograr un título en un campo específico o acercarse a un cliente potencial. Imagínese saber el mejor momento para cambiar su carrera o cuándo pedir un aumento de sueldo. Un buen sentido de la oportunidad nos dice cuándo es el momento seguro para la transición, para compartir información o simplemente quedarse. Más importante aún, nos ayuda a guiar efectivamente a los que dirigimos, a través de decisiones cruciales, y también, para determinar cuándo esas decisiones serán más eficaces.

¿Qué puede hacer para desarrollar la habilidad de su sentido de la oportunidad? ¿Cómo se puede desarrollar un mejor discernimiento y aprender a anticipar con precisión el mejor momento para actuar? En primer lugar, conviértase en un observador. Mire a los que han dominado la habilidad que quiere desarrollar. Busque patrones en su comportamiento y anote el momento en que toman medidas. Si tiene la oportunidad, pregúnteles por qué eligieron ese momento para actuar.

En segundo lugar, haga lo que Wooden, Judkins, y Klaus hicieron: descubra la necesidad antes de que sea evidente y encuentre una manera de resolverla. No posponga la preparación para una oportunidad hasta que se le presente. Para entonces ya será demasiado tarde.

En tercer lugar, escúchese a sí mismo y no a las cabezotas que siempre opinan. Cada uno de nosotros tiene una pequeña voz que nos inquieta. Esta voz puede ser uno de sus mayores activos. Hay momentos cuando un codazo interno o un sexto sentido son impecables. Es así como el don del sentido de la oportunidad nos comunica. Hay que calibrarlo. Tiene que refinarlo. Escuche a su instinto, y haga lo que cree que es conscientemente correcto en el momento correcto. Entonces tendrá una de las habilidades más importantes del liderazgo que se puede desarrollar.

5. Favor

José nació en una casa de clase media en América Central. Era un buen hijo, un buen estudiante y un joven bien educado. Una de sus grandes pasiones era tocar la guitarra en una banda de rock.

Cuando lo conocí estaba vestido con pantalones flojos tipo vaqueros, una camiseta blanca, una gorra de béisbol puesta hacia atrás, y chancletas. Iba a tocar la guitarra durante un concierto al aire libre en el parque. Unos quince minutos antes de que comenzara, el propietario de la empresa de audio recibió una llamada telefónica. El ingeniero de sonido se había retrasado de forma inesperada y llegaría tarde. José escuchó la conversación y dijo: «Puedo hacerle sonido, pero voy a tener que tocar la guitarra mientras mezclo».

Al principio, la idea parecía absurda, pero cuando el concierto comenzó, José se paró detrás de la consola y mezcló con los auriculares en sus oídos. Tocó la guitarra con la banda a una distancia de unos 50 m del escenario. No tocó la guitarra a la perfección, por supuesto, pero la mezcla de audio sonaba increíblemente profesional. Ese día, sin darse cuenta, descubrió su hilo dorado. Él mostró su don de ser capaz de mezclar audio en un evento en vivo de modo que sonaba natural y bien balanceado

Pronto las puertas para ejecutar sonido de otras bandas en distintos lugares de América Central comenzaron a abrirse para José. La demanda como guitarrista disminuía, pero la necesidad como ingeniero de sonido continuó creciendo. Varios años después, un estudio de audio en México le pidió que fuera a trabajar tiempo completo con ellos y a grabar cientos de artistas y grupos musicales.

En mayo del 2006, produje un gran evento en el Centro de Convenciones de Anaheim, con la asistencia de miles de personas. Inexplicablemente, la empresa de sonido no podía poner a funcionar su propio equipo. José estaba tocando con una de las bandas del evento. Cuando la empresa de sonido falló, se ubicó detrás de la consola y en quince minutos puso el sistema de sonido a funcionar perfectamente. La compañía quedó tan impresionada que le pidió que hiciera el sonido por el resto del evento.

Con los años, José continuó mezclando sonido en conciertos, lugares de reunión, y eventos especiales a lo largo del Norte y Sudamérica, y ha trabajado en estudios de grabación en México, Estados Unidos, El Caribe, y América Central. A pesar de que todavía ama tocar la guitarra en vivo, como músico de estudio se dedica completamente a la única cosa que lo pone por encima de la gran mayoría: él es uno de los mejores ingenieros de sonido que conozco. Hoy en día, las puertas se le abren en el área de mezcla de audio. Tiene su propio estudio, viaja internacionalmente, y goza de gran favor en su área de especialización.

¿Alguna vez ha conocido a alguien y pensó que en todo lo que hace le va bien? Casi parece que cada luz roja de repente se pone verde para esa persona. Cuando las cosas fluyen sin mucha resistencia, la persona tiene el favor en un área determinada. Ahora, yo no creo en la magia, pero sí creo que cuando hacemos las cosas bien y trabajamos en armonía con nuestro hilo dorado, las cosas fluyen mejor. Los líderes eficaces y persuasivos que trabajan en armonía con su hilo dorado hallan gracia en sus relaciones, en sus negocios, y en los ojos de aquellos a quienes sirven. Su favor les da una cierta ventaja. Los líderes persuasivos identifican las áreas en las que tienen favor y se dedican al servicio de ellas.

¿Hay un área en la que usted parece muy talentoso? ¿Las personas dicen constantemente: «¡Usted hace eso tan bien!»? Puede ser resolver problemas matemáticos, lavar autos, o pintar. Podría ser cocinar, administrar, vender, hablar, enseñar, limpiar o escribir. Puede que sea la habilidad imperativa de ser padre. Su área de favor puede o no ser su hilo dorado, pero, inevitablemente, estará atado a él.

Por ejemplo, digamos que su hilo dorado lo ha llevado a trabajar para la Cruz Roja. Como resultado, le resulta fácil motivar a la gente a ser voluntaria y cooperar financieramente. Tal vez, usted no es bueno para recaudar fondos, pero las cosas fluyen sin muchas barreras u obstáculos, porque se trata de su hilo dorado. Siempre y cuando la tarea sea congruente con su hilo dorado, las tareas relacionadas con su actividad deberían funcionar sin mucha resistencia.

Si las nuevas oportunidades no vienen, las puertas no se abren, las personas no apoyan, o las finanzas son difíciles de conseguir, déle una mirada realista a lo que se está dedicando a hacer. Usted sabe que tiene el favor cuando, en términos generales, las cosas están funcionando bien financieramente, productivamente y creativamente. Con el favor, las cosas fluyen en forma natural para usted.

Uno de los dones que los líderes persuasivos poseen es la capacidad de ayudar a otros a ver dónde está su gracia. Después de todo, el punto de ser un líder eficaz es ayudar a otros a ser todo lo que pueden ser, para contribuir a que alcancen su máximo potencial. La única manera de hacerlo es guiar a los que lo siguen en las áreas en las que florecen: finanzas, relaciones, producción y creatividad, y su relación con su hilo dorado.

6. El Plan

Imagínese que está sentado en un vuelo rumbo a Nueva York desde Los Ángeles. Despega a las 10:00 p.m. y está programado para llegar a las 6:00 a.m. Usted tiene un poco de miedo, porque hay informes de tormentas de invierno en las montañas rocosas. Justo después del despegue, el capitán hace un anuncio por el intercomunicador:

«Damas y caballeros, bienvenidos a bordo. Vamos a hacer algo diferente esta noche. En lugar de utilizar nuestro plan de vuelo según las reglas de la FAA, nuestro GPS, o sistema de navegación a bordo, he decidido simplemente volar al este. Sé que Nueva York está en la costa este, así que estoy seguro de que tarde o temprano llegaremos. Además, el sol saldrá en unas cinco horas así que en ese momento podremos ver mejor. Ahora, siéntense, relájense, y disfruten el resto de su vuelo». Dígame, ¿cómo se sentiría en ese momento? ¿Le gustaría estar en ese avión? ¿Ese piloto le daría confianza? ¿Se sentiría seguro? Probablemente no, porque el líder no tiene un plan digno de seguir.

Afortunadamente, ningún piloto de una aerolínea comercial haría esto. Lamentablemente, sin embargo, muchos líderes hacen esto en forma regular. No tienen un plan y ejecutan bien esa insuficiencia. Inventan las cosas sobre la marcha y no tienen una forma precisa de medir su progreso. Si hubieran sido pilotos, quedarían despedidos inmediatamente. Al igual que Robert H. Schuller dijo: «Si usted falla en planear, usted planea fallar».

¿Los entrenadores deportivos profesionales tienen un plan? ¿Los generales tienen un plan? ¿Los conductores de UPS o FedEx tienen una ruta planificada? Por supuesto que sí. De lo contrario fracasarían en sus tareas.

Los líderes persuasivos no inventan las cosas a medida que avanzan. Ellos tienen un plan. Puede ser que sea de un mes, de seis meses, de cinco años, o de veinte, pero tienen un plan. Ellos son eficaces para llevar a la gente a una decisión transformadora y comunican la ruta en forma efectiva durante el proceso.

Así que, si quiere ser un líder convincente y llevar a decenas, cientos, miles o incluso millones de personas a decisiones transformadoras, primero hay que crear un buen plan. Defina sus metas. Articúlelas. Que sean claras para que incluso aquellos que no están familiarizados con su negocio puedan captar la idea.

¿Por qué es tan importante aclarar su plan a todos? Muchas veces las personas que se acercan para apoyar no entenderán todas las complejidades de su misión o negocio. Lo único que importa es que usted sepa a dónde va y cuán buenas son las posibilidades de que usted llegue allí. Ellos necesitan la seguridad de saber que van a alcanzar sus metas y que usted es una persona de palabra. Así que permítales entender su visión para que lo apoyen. Cuando puedan ver la validez de lo que usted hace y sepan que su plan de acción promete avanzar, serán mucho más propensos a invertir los recursos que necesita para alcanzar su meta.

En segundo lugar, si usted puede ver su visión, con el tiempo, sus inversores, seguidores, clientes y seguidores, también la verán. Si no puede, ellos tampoco lo harán. De modo que sea claro, concreto y realista. Visualice sus metas y continúe simplificándolas.

En tercer lugar, una vez que tenga su misión claramente definida, anote algunos hitos importantes y necesarios a los que debe llegar a lo largo del camino. Añada cómo va a medir su progreso y a quiénes necesita para formar un equipo con el fin de llevar a la gente hacia la visión, su tierra prometida.

La esencia de un líder poderoso

En los últimos años he descubierto que un líder no puede dirigir a la gente a tomar decisiones transformadoras si le falta algo vital. Un líder persuasivo es poderoso. Ya sea el poder de persuadir, el poder de explicar, el poder de resolver o el poder de hacer que alguien se sienta seguro, cada gran líder debe ejercer el poder a fin de que la gente se sienta suficientemente segura para seguirlo. Demasiadas veces los líderes débiles dejan a sus seguidores con la sensación de sentirse desconectados, desorientados y confundidos. En este capítulo, hemos aprendido seis áreas imprescindibles para llegar a ser el líder poderoso y persuasivo que deseamos ser. He aquí un resumen de ellas. En primer lugar, con el fin de convertirse en un líder persuasivo es necesario tener una percepción adecuada y saludable. Sus percepciones deben ser claras y precisas en el área de su comercio. Independientemente de su nivel de estudios, la cantidad de dinero que usted tiene, o donde vive, los lentes a través de los cuales ve al mundo deben estar limpios y no contaminados. Usted puede mejorar su percepción, cambiando la manera de pensar, continuando su educación, y rodeándose de quienes lo levanten en lugar de derribarlo.

En segundo lugar, cómo líder persuasivo, debe tener una visión, una imagen mental del lugar donde desea llevar a la gente (su tierra prometida). Si su percepción es clara, entonces su capacidad de ver hacia dónde ir será clara también. Anote su visión y visualice a quiénes ayuda. Entonces usted será capaz de dar el siguiente paso crucial para convertirse en un líder persuasivo, el desarrollo de su porqué.

En tercer lugar, el *porqué* hace lo que hace es la potencia necesaria para cumplir la misión. Si su porqué es suficientemente fuerte, el cómo se convertirá en un factor menos importante. Su porqué le da la fuerza para superar los obstáculos que se interponen en su camino. Usted puede descubrir su porqué en cualquier área preguntando quiénes son las personas más importantes en su vida y, lo que es lo más importante, qué hacer. Pregúntese a sí mismo lo que puede hacer para preservar, cultivar, nutrir, o traer un cambio a esas personas y áreas.

En cuarto lugar, los líderes persuasivos tienen un gran sentido de la oportunidad. Demuestran el don de saber cuándo caminar a través de una puerta abierta, cuándo expandir su negocio, cuándo tomar un paso estratégico, cuánto tiempo quedarse, y cuándo retirarse. Los líderes persuasivos no esperan que la vida pase por ellos. Usted puede desarrollar su sentido de la oportunidad al estar preparado antes de que llegue la oportunidad, observando a aquellos que han dominado la destreza que quiere aprender, y desarrollar la habilidad de escuchar la inquietud.

En quinto lugar, el favor es quizás uno de los patrones universales más olvidados, que permite a los líderes convertirse en gente altamente eficaz. Con el favor, las puertas se abren sin mucha resistencia en un área determinada de nuestra vida. Las cosas fluyen suavemente porque todo funciona en armonía con nuestro hilo dorado. El favor también sirve como indicador para ayudarnos a permanecer congruente con el lugar donde se supone que debemos estar y para mantenernos enfocados en lo que fuimos diseñados para hacer. Con el fin de identificar su área de favor, pregúntese en cuál usted parece muy talentoso. ¿Mencionan otros qué cosa usted hace especialmente bien? Su área de favor está inevitablemente ligada a su hilo dorado.

Por último, los grandes líderes persuasivos saben a dónde quieren ir, visualizan a dónde quieren ir y desarrollan un plan para llegar allí. Ningún gran líder digno de seguir se tambalea por la vida sin un plan. Desarrolle sus metas y articúlelas de manera rudimentaria. Entonces, ponga los hitos y una manera de medir su progreso en llegar a ellos.

Al concluir esta sección sobre liderazgo persuasivo, lo felicito por sentar las bases para desarrollar el poder para persuadir. Algunos de sus mayores avances vendrán como resultado de lo que leerá en las páginas que siguen. En la siguiente sección, «Comunicación persuasiva», aprenderá algunas técnicas de gran alcance para convertirse en un comunicador muy convincente. Así que de vuelta la página, y continuemos este viaje enriquecedor.

Preguntas para la discusión o reflexión personal:

1. ¿Está satisfecho con la dirección hacia donde se dirige? Si es así, ¿qué está haciendo ahora? ¿Qué debe cambiar? ¿Es su percepción saludable? ¿Es clara su visión?

2. ¿Tiene una visión? Si es así, ¿qué es? ¿Cuál es la tierra prometida para aquellos que quiere ayudar? ¿En qué sentido enriquece su visión la vida de otras personas?

3. ¿Cuál es su propósito? ¿Cuáles son las excusas que le impiden alcanzar sus sueños, su tierra prometida, y sus metas importantes?

4. ¿Cuál es su área de favor? ¿Qué dicen sus amigos, cónyuge, o padres acerca de cuál es su área de favor?

5. ¿Qué es lo más importante que aprendió en este capítulo?

SECCIÓN II

COMUNICACIÓN
PERSUASIVA

PODER PARA PERSUADIR

Capítulo 3

CONVIÉRTASE EN UN COMUNICADOR PODEROSO

«Usted puede ir a donde quiere ir, hacer lo que quiere hacer, y ser como quiere ser.» Esas son las palabras de uno de los grandes comunicadores del siglo XX, Zig Ziglar. Su habilidad para comunicarse efectivamente determina en gran medida si usted alcanzará o no sus metas. Su éxito depende de si lleva o no a otros a tomar decisiones transformadoras. Eso es lo que hacen los grandes comunicadores.

¿Qué tan efectivo quiere ser? ¿Qué impacto quiere tener? Ya sea que venda algo, quiera convencer a alguien, desarrollar una empresa, recaudar capital, estudiar para el examen de leyes, casarse con alguien o criar a sus hijos, debe aprender a convertirse en un comunicador eficaz. Su nivel en esa área determina el éxito que va a tener en su vida profesional y personal.

Grandes comunicadores disfrutan de algo que otros desearían tener, una conexión con ellos mismos (interna) y con los que les rodean (externa). Tienen paz consigo mismos y con la idea de compartir con los demás. Los beneficios de estar conectados, tanto interna como externamente, permiten que los grandes comunicadores superen el estancamiento a un nivel de productividad. Si usted tiene un deseo genuino de ser eficiente y productivo, entonces creo que pueda aprender el arte de la buena comunicación.

Este capítulo se trata de usted, el comunicador. El capítulo siguiente se ocupa de lo que hacemos para comunicarnos poderosamente. Comencemos nuestra discusión aquí, con la primera y más importante área de la comunicación, el *diálogo interno*.

El poder del diálogo interno

Después de jugar para el equipo de béisbol los Dodgers durante una temporada en las ligas menores, mi padre fue reclutado para el servicio militar durante la Guerra de Corea. Cuando regresó al Valle de San Fernando, dieciocho meses después, se convirtió en barman en el restaurante libanés de mi abuela. Ese fue el primer año de su carrera de cinco décadas sirviendo tragos.

Al igual que mi padre, mi madre no asistió a la universidad. Ella descubrió su talento como cajera en varias agencias de automóviles. Vi a mis padres trabajar duro para ganarse la vida. No puedo hablar por el resto de los hijos del mundo, pero para mí, era difícil imaginar que yo pudiera superar los logros de mis padres. Lo que habían logrado en la vida formaba una imagen de mi futuro. Es lo que creía que estaba destinado a cumplir. No malentienda lo que estoy tratando de decir. Mis padres siempre me dijeron que creían en mí. Dijeron que yo podía llegar a ser lo que quisiera ser. Pero las palabras de otras personas no significan nada a menos que tomemos el control de nuestra vida y creamos en ellas.

Hace menos de una década, la imagen que tenía de mí mismo desde que era niño se hizo realidad. Mi esposa y yo no teníamos dinero, casa, autos o posesiones, sólo una cuenta de ahorros. Sin embargo, los dos teníamos algo importante, una maestría. Al igual que nuestros padres, siempre trabajamos duro y tratamos de no gastar más de lo que ganábamos. Aun así, hubo una conversación constante en mi cabeza que decía: «Tus padres lucharon para llegar a fin de mes. Nunca tuvieron seguridad financiera. Las probabilidades son que tú tampoco las tendrás». Hasta la edad de treinta y siete años sentí que mi vida estaba en camino a vivir de mes a mes. Con un poco de suerte, me jubilaría con un cheque del Seguro Social y suficiente dinero en el banco para mantener mi estándar de vida. Paralelamente escuchaba historias de inmigrantes que llegaron a los Estados Unidos sin dinero y en poco tiempo habían ganado millones de dólares. Observé a las personas superar obstáculos insuperables para comprar casas, ayudar a sus hijos con la matricula de la universidad, y viajar a donde quisieran. En varias ocasiones Zig Ziglar dijo que los inmigrantes son mucho más propensos a convertirse en millonarios que los que nacieron en los Estados Unidos, porque no han creído toda la mala prensa sobre la economía en las noticias. Entonces decidí dejar de entretenerme con los pensamientos que me ataban y me tenían atrapado en el ciclo vicioso. «Si puedo cambiar mi forma de pensar, pensé, puedo cambiar mi vida y mi destino». Este fue uno de los mayores puntos de inflexión en mi vida. A partir de ese día comencé a notar cómo deberían ser mis pensamientos. En vez de decirme a mí mismo: «Espero poder salir adelante en la vida, ser dueño de una casa, y ganar lo suficiente para ayudar a mis hijas a pagar la universidad», escribí: «Estoy avanzando. Estamos en el proceso de comprar nuestra propia casa. Estoy ganando dinero para ayudar a mis hijas a pagar la universidad». Entonces supe que la conversación más importante de mi vida era la que tenía lugar en mi propia cabeza.

La mayoría de la gente no entiende qué tan importante es su diálogo interno. Se entretienen en pensamientos inútiles e ignoran aquellos a los cuales deben hacer caso. Precisamente por eso muchos quedan atrapados en destinos erróneos y nunca alcanzan la meta a la que desean llegar ni hacen lo que quieren hacer. Por el contrario, quienes escuchan los pensamientos correctos se convierten en las personas que quieren llegar a ser.

A lo largo de los años descubrí que lo que aceptamos como verdad es la programación, es una forma de aprendizaje deliberado. El aprendizaje forma nuestros pensamientos, y estos producen nuestras creencias. Por eso vamos a la escuela. De nuestros maestros aprendemos cómo debemos resolver los problemas, investigar y filosofar. Una vez que estamos convencidos de que tenemos la verdad, nuestros pensamientos se convierten en creencias. Las creencias producen sentimientos. Nos apegamos emocionalmente a nuestras creencias a medida que se vuelven convicciones. Una vez que usted tenga convicciones acerca de algo, estará caminando hacia la victoria. ¿Por qué? Porque los sentimientos que se convierten en convicciones producen acciones. En última instancia, las acciones producen resultados.

Por lo tanto, empecé a reescribir los guiones de mi cabeza y a reprogramar mi diálogo interno. En los últimos diez años, los resultados han sido maravillosos. Usted está leyendo mi sexto libro. Me dirijo a aproximadamente ciento cincuenta mil personas cada año en eventos en vivo. Nuestras hijas están por terminar sus estudios universitarios sin préstamos escolares, y sí, hemos podido comprar una casa. Nuestros autos no son nuevos, pero son propios. Hay muchas otras cosas que podría acreditar a estos logros, como un sentido de la oportunidad, la sabiduría, y por supuesto, Dios. Si la conversación en mi cabeza hubiera quedado en ciclos de víctima o de derrota, tal vez me habría cegado una actitud pesimista y hubiera desaprovechado las oportunidades que se me presentaron. No se pierda una gran vida simplemente porque el diálogo en su cabeza está distorsionado.

El primer paso para convertirse en un gran comunicador es escribir una sana conversación en su cabeza. Al igual que un médico, usted tiene que prescribirse una buena dosis de pensamientos. Piense en las cualidades importantes que usted anhela y comience a reclamarlas para sí mismo. Es útil pensar en las cosas que se pueden decir diariamente para ayudar a reprogramar sus pensamientos.

Una vez que termine de leer este capítulo, tome una hoja de papel, copie las siguientes frases, y añada a este ejercicio las cualidades adicionales que desee reclamar para alcanzar la imagen saludable que necesita. Esto le ayudará a ser aquello para lo cual fue destinado a ser y a establecer el primer paso para convertirse en un gran comunicador.

«Yo, Vicky_____ (añada su nombre), soy una persona única, dotada y creada por Dios para lograr cosas maravillosas. Mi vida cuenta para algo grande. Soy una persona creativa y motivada para trabajar de forma diligente, honesta y con integridad».

«Yo, Vicky_____, soy una persona respetuosa y llena de compasión. Tengo tranquilidad sin importar qué tan turbulentas son las tormentas de la vida. Soy sabio, prudente, diligente, y libre de preocupación, miedo y ansiedad. Elijo ser libre del estrés y de los vicios dañinos. Gano un ingreso decente, vivo dentro de mis posibilidades, y sé cómo manejar mi vida. Soy puntual, tengo recursos, y forjo mi propio destino de acuerdo a mi hilo dorado».

«Yo, Vicky_____, soy fiel a mi familia, amigos, vecinos y compañeros de trabajo. Tengo un buen sentido de la oportunidad y del discernimiento. Me comunico con excelencia y fluidez. Hoy es el comienzo de algo maravilloso y pronto mis ojos verán la puerta abierta de la gran oportunidad».

¿Por qué es tan importante cambiar su diálogo interno? Después de un tiempo de reclamar estas cualidades, usted comenzará a sentirse conectado con lo que está diciendo, y luego empezará a actuar de una manera coherente con esos sentimientos y convicciones.

Los grandes comunicadores disfrutan de una sensación de armonía con ellos mismos y con quienes los rodean, especialmente en el área comercial. Es difícil comunicarse con confianza y seguridad si se siente inseguro. ¿Cómo va a convencer a los demás si usted no está convencido? Así que en primer lugar resuelva su diálogo interno antes de intentar persuadir a su audiencia externa.

Zig Ziglar, uno de mis mentores en el área de la comunicación, comparte una historia en su página de Internet sobre la importancia de la formación de su diálogo interno. Ziglar se dirigió a una gran audiencia en Salt Lake City el 13 de septiembre 1997. Al final de la noche, mientras firmaba sus libros, una mujer con una expresión determinada a hablar con él estaba en la fila para pedirle un autógrafo. Al mirarla él supo que debía detenerse a escuchar lo que ella quería decirle. Esto es lo que escribe acerca de ese encuentro:

Ella me contó que cuando recibió la tarjeta de diálogo interno que se incluía en uno de mis programas de audio, ni siquiera podía leer la primera lista de cualidades que se suponía que debía reclamar.

A lo largo de su vida había sido tan golpeada por su familia y su marido que era imposible creer que ella tuviera el carácter y cualidades de éxito [mencionados en la tarjeta]. Luego de dos o tres semanas de escuchar el audio para reconstruir su autoestima pasó al punto en el que pudo mirarse en los ojos y decir que ella era una persona honesta, inteligente que alcanzaría sus metas. Ella seguía reclamando cualidades adicionales hasta poder pasar toda la lista de cualidades positivas. Como resultado, su comportamiento y su actitud cambiaron radicalmente. Ella comenzó a caminar con confianza, sonreírse e incluso, reírse.

Entonces algo verdaderamente fascinante sucedió: su marido vio cómo su nueva actitud la revolucionó y pensó que si reclamaba las cualidades, eso le ocurriría a él. Comenzó afirmándolas en su vida y también empezó a cambiar. "Él cambió especialmente en la forma de tratarme, dijo la mujer. Hoy nos llevamos mejor que nunca antes y somos más felices".

La opinión más importante es la que se tiene de sí mismo, y las conversaciones más importantes que tendrá son las que tenga consigo mismo. La realidad es que no se puede reclamar constantemente todas las cualidades de la tarjeta del diálogo interno sin cambiar.[1]

Escuche la conversación en su cabeza. ¿Es positiva? ¿Tiene un tono motivador que dice que puede lograr la meta? ¿Declara que usted puede ir a donde quiera, hacer lo que desee, y ser como le plazca? ¿O su conversación interna es negativa, lo destruye, y pinta un panorama sombrío? Cada uno de nosotros tiene un diálogo interno que refleja nuestra propia imagen y actitud. Si sus pensamientos internos son positivos, eso mismo es lo que proyectará a su audiencia. Si son negativos, también es lo reflejará a los demás. Al cambiar la forma de pensar, usted puede cambiar su vida y su destino.

Una vez que su comunicación interna sea sana y clara,

puede pasar a la siguiente cualidad que cada gran comunicador debe tener. Se llama *la transferencia del sentimiento*.

El poder de la transferencia del sentimiento

Después de escribir el libro *Poder para cambiar*, investigué las formas más eficaces para elevar las ventas y empujar mi material hacia la cima del mercado. A través de mi investigación encontré un sitio de Internet que promovió un evento llamado «La cumbre nacional de publicidad» en la ciudad de Nueva York. Entonces yo no tenía ni idea de quiénes eran Steve y Bill Harrison o de lo que hacía su organización, pero estaba intrigado por su idea de reunir cien productores de los medios más importantes de televisión, radio, Internet, revistas y periódicos en un evento de tres días. Su filosofía era simple: Si usted logra conseguir la publicidad necesaria, su mensaje puede no tener límites.

Me inscribí, y con mucho gusto pagué la matrícula que incluía el entrenamiento para los tres días. En los meses previos a la cumbre, Steve Harrison tuvo conferencias telefónicas, sesiones de capacitación y consultas individuales con los asistentes.

Conocí a los productores de las cuatro principales cadenas de televisión, de muchos programas de radio, y a editores de revistas. En tres días conseguí algunas entrevistas importantes, y aprendí mucho sobre el mercadeo, mucho más que en tantas clases que tomé sobre el tema. Al final de la cumbre, Steve Harrison pidió a los que asistimos que permaneciéramos en el salón unos cuarenta y cinco minutos más para presentarnos un programa llamado «Quantum Leap» (Salto cuántico).

Durante los tres días previos, Steve cubrió todas mis expectativas con respecto a la cumbre. Pero en la sesión final nos miró y dijo: «Realmente quiero que avancen. Algunos de ustedes tienen un gran mensaje y, con ciertos ajustes, su mensaje tendrá un gran impacto sobre muchas personas. Yo estoy convencido de eso». Entonces me di cuenta de que habló en serio. Steve no sólo tenía un sentimiento, sino una convicción, y nos la transfirió. Sentimos su pasión, su deseo y su creencia de que «Quantum Leap» era el siguiente paso necesario para nuestra formación como personas que querían tocar al mundo con su mensaje. Rápidamente comenzamos a tener el mismo sentimiento que él acerca de su programa. Por supuesto, me alegro de haberme inscripto.

A decir verdad, matricularme en su segundo programa fue una de las ventas más difíciles que Steve tuvo que alcanzar, porque no era barato. Pero Steve había entendido mi deseo y mi aspiración de propagar el mensaje a un gran público.

En realidad, una venta efectiva no es más que una transferencia del sentimiento. Si usted va a transmitir un sentimiento a alguien con respecto a un tema, idea o persona, debe comunicar de manera efectiva lo que siente al respecto. Steve estaba convencido, y la forma en que comunicó su sentimiento no era manipuladora. Una vez que sentí su convicción y creí que él tenía la solución para mi reto, me inscribí.

Cada vez que vendemos, persuadimos y, sobre todo, comunicamos, transferimos lo que sentimos acerca de algo a las personas con las que estamos hablando o al que estamos escribiendo. La persuasión es una transferencia de sentimientos. Cuando sus clientes, miembros de su organización, cónyuge, hijos, amigos y colegas comienzan a sentir como usted siente sobre algo, usted está persuadiéndolos. Una vez persuadidos, estarán mucho más proclives a tomar decisiones.

Por otro lado, la persuasión que no es sincera es manipulación.

Tarde o temprano, la gente ve más allá de las actitudes y, una vez que su reputación es empañada, es muy difícil volver a ganar credibilidad. Así que cuando usted escribe o habla con la intención de convencer a alguien para que actúe, sea genuino, sea sincero. Al ser una persona íntegra usted ganará más ventas, abrirá más puertas, obtendrá más beneficios, ganará más favor y más amigos que el plan manipulador más creativo en todo el mundo.

Otro punto importante para recordar es que a menos que usted esté en el negocio de vender aviones, trenes, aparatos médicos sofisticados, medicamentos, supercomputadoras o un artículo especial de alto precio, debe poseer el producto que está tratando de vender. Si trata de dar consejos a alguien en un *blog*, debe vivir de acuerdo con su propio consejo. Me duele ver a un corredor de bolsa con recomendaciones de acciones en la televisión sólo para descubrir al final de la entrevista que él no es dueño de los activos que recomendó. Un vendedor de autos que conduce una marca diferente de la que vende, tiene pocas posibilidades de venderme uno de los vehículos en su agencia. Y sobre todo, no deseo escuchar consejos de un médico que fuma o de uno que tiene sobrepeso. ¿Por qué? Porque ninguna de estas personas cree en su propio consejo ni ha cambiado. Ellos pueden decir la verdad, pero su inconsistencia desmerece su credibilidad y su capacidad para comunicarse persuasivamente.

Cuando le he preguntado a la gente por qué no siguen sus propios consejos o por qué no son dueños de lo que venden, muchos responden: «Oh, lo haría, pero es demasiado caro» o «No me interesa». Ese es el problema de la comunicación. Si la persuasión es una transferencia de sentimientos, entonces lo que venden o lo que recomiendan claramente no es suficientemente bueno. No vale el sacrificio. No es la solución perfecta. Así que antes de tratar de persuadir a alguien de que tome su consejo, compre su producto o sea un seguidor de su propio consejo. Una vez que usted lo haga, demostrará a los potenciales clientes que está convencido de que tiene el mejor producto o el mejor consejo. Muchas veces me piden que recaude fondos para una organización sin fines de lucro. Antes de ponerme de acuerdo en ayudar, me pregunto si estoy dispuesto a darle dinero por su trabajo caritativo. Antes de pedir a otros que den dinero a la organización, escribo un cheque. Eso demuestra que estoy convencido de que es una inversión que vale la pena, y me da autoridad para pedir a otros que siembren.

El poder de ver lo invisible

La primera vez que hablé frente a un grupo de personas estaba aterrorizado. Era estudiante de primer año de la secundaria. Caminé hacia la parte delantera del aula con mis rodillas que temblaban, mis palmas estaban sudando, mi corazón palpitaba rápidamente, mi boca estaba seca y mi lengua, pegada a la parte posterior de mi garganta. Para peor, los otros estudiantes, en su mayoría del tercer año, odiaban esa clase. Ellos soportaron el dolor de asistir a la clase de inglés porque era requisito cursarla para poder graduarse. Y si esto no fuera suficiente, el profesor era el miembro más exigente de la facultad.

Puse mis notas en el pedestal, despejé la garganta, y antes de pronunciar la primera palabra, uno de los alumnos de segundo año con sarcasmo resopló. Eso provocó una avalancha de risa en los demás. El maestro nunca miró al muchacho. Simplemente me miró fijamente, esperando escuchar mis primeras palabras. En un intento para lubricar la boca, tragué saliva, respiré profundamente, abrí mi boca, y me detuve unos segundos. Justo antes de emitir el primer sonido, otro de los estudiantes susurró: «¡Vamos, amigo!». Causando otra pausa prolongada. Por último, solté mi primera frase: «Estar aquí no es el momento más vergonzoso de mi vida,» dije. «Este fue hace dos semanas». Entonces continué contando una historia que no había compartido en público hasta entonces.

Mientras caminaba fuera de la iglesia la mañana de Pascua en el Centro comunitario en Big Bear City, California, estaba nublado, hacía unos treinta y ocho grados, con una ligera brisa que soplaba a través del estacionamiento. Al cruzar el centro de la comunidad y el estacionamiento, había un pequeño puente de madera. Durante esa época del año, la nieve se derretía y un chorro de agua fría corría a través del parque y se dirigía hacia el lago. El pequeño río tenía unos cuarenta centímetros de profundidad, y dos metros y medio de ancho.

Mis vecinos me habían invitado a acompañarlos al servicio del Domingo de Pascua. Ellos tenían dos niños de mi edad que amaban el fútbol. Así que antes de que nos subiéramos al vehículo para regresar a casa, tomaron una pelota y empezaron a jugar fútbol norteamericano. Entonces el padre le dijo a su hijo mayor: «Ve lejos, Juan». Juan se disparó, saltó sobre el río, y casi se cayó. Sin embargo, atrapó la pelota maravillosamente. Entonces su papá me dijo: «Ve lejos, Jason». Salí corriendo hacia el río sabiendo que yo era más rápido, más ágil y más hábil que Juan para volar sobre los arroyos congelados. Mi medida de tiempo era impecable. Mi espacio entre cada paso era perfecto. Mi velocidad era inigualable. El río estaba a cuatro metros de distancia. Yo sabía que tenía dos pasos completos antes de tener que acomodar mi pie para lanzarme lo más cerca posible de la orilla del agua. Seguía corriendo por la suave cuesta y vi el lugar perfecto para colocar mi pie antes de propulsarme sobre el arroyo de dos metros. Viajando a veinte kilómetros por hora, planté mi pie tres centímetros de la orilla del agua, y con cada fibra de energía empujé para ganar tanta altura como fuera posible. Fue entonces cuando me di cuenta de que algo estaba mal. En el borde del río el suelo era barro puro. No había ninguna tracción. En lugar de lanzar como un atleta olímpico, mi pie se deslizó sobre la superficie del barro como si fuera hielo recién untado con mantequilla. De repente, me encontré con mis pies acelerando más rápido que el resto de mi cuerpo. Era como si se dieran cuenta de que no todos los miembros de mi cuerpo iban a llegar al otro lado del río. Así que estaban decididos a llegar primero.

Nunca puedo olvidar la sensación tan fea de rotar ciento ochenta grados en pleno vuelo posicionándome horizontalmente cara a cara con el río. Cuando por fin caí, mi aterrizaje fue un panzazo perfecto. Milagrosamente en cuarenta centímetros de agua, pude empapar cada milímetro de mi cuerpo. Inmediatamente salté fuera del agua fría y grité: «¡Está congelada!». En ese momento cientos de personas estaban saliendo del centro de la comunidad, señalándome y riéndose a carcajadas. El momento no podría haber sido peor. Mi aterrizaje no podría haber sido más trágico. El agua no podría haber sido más fría. Mi humillación no podría haber sido más grande.

Con eso, miré a la clase y dije: «Ese fue mi momento más embarazoso», que también fue el título de mi discurso. Los estudiantes me miraban como un perro que acaba de oír un ruido extraño. El maestro tenía una pequeña sonrisa casi imperceptible en su rostro. Durante cinco largos segundos, esperé risitas o tal vez un aplauso de cortesía de la audiencia. No, sólo los grillos. Por último, miré mis anotaciones pensando: «Me equivoqué, este es el momento más embarazoso de mi vida». El profesor tenía cara de póker y no reveló que me daría cien puntos, pero lo hizo. Los estudiantes mayores nunca volvieron a burlarse de mí. Nunca se sabe de verdad lo que la audiencia está pensando. Aunque es cierto que nadie se rió o indicó que les gustó mi presentación, había una pepita de oro que descubrí a lo largo de la prueba. Una vez que empecé a contar la historia, podía verla. Era como si estuviera en una sala de cine viendo mi historia desarrollarse por primera vez. Como yo mismo podía verla, mis compañeros de clase, también. Este es uno de los grandes secretos de la comunicación eficaz: comunicadores persuasivos ven lo que comunican a los demás. Yo lo llamo *ver lo invisible*. Si usted puede verlo, su público lo verá. Si no puede, ellos tampoco lo harán. Si ama algo, aprecia a alguien, tiene sentimientos fuertes sobre un principio de la vida, que la gente pueda verlo en sus ojos. Si lo siente, ellos también lo sentirán. Si ve la narrativa desarrollarse frente a usted, su público también la verá.

Me senté a ver cientos de presentaciones, a escuchar miles de oradores, y a tratar con un sinnúmero de vendedores. También he leído cientos de libros, vi cientos de obras de teatro, estudié innumerables filósofos, y miré más de quinientas películas. En todas estas experiencias he visto que los mejores comunicadores veían lo que estaban diciendo. Visualizaban y lo expresaban con el mismo entusiasmo de cuando lo experimentaron. Esto es cierto en el habla y en la escritura. Esto es lo que hago cada vez que soy el orador principal, que debo escribir una presentación o pedir a alguien que tome una decisión transformadora. Imagino una pantalla de cine frente a la audiencia. Mientras hablo veo la historia desarrollarse en ella, y describo a la audiencia lo que estoy viendo. Siento el dolor que produce el frío como agujas de hielo incrustándose en mí. Oigo la risa de los que salen de la iglesia. Vuelvo a sentir la humillación de estar empapado de pies a cabeza. Percibo el incómodo silencio de los estudiantes mayores que se sientan en la última fila y las señales confusas que daba un profesor imparcial.

Ya sea que usted se reúna con alguien para tomar una taza de café, escribir un *blog* en la tableta o laptop, compartir un producto en la sala de estar de alguien o pararse frente a ochenta mil personas en un estadio, trate de ver lo invisible. Visualice lo que está diciendo. Mientras se prepara, repáselo una y otra vez hasta que se vea como una película ante sus ojos. Entonces estará listo para comunicar a su audiencia lo que ve.

Una vez que pueda ver lo invisible, ha de construir cuidadosa y artísticamente el corazón de su presentación, es decir, es necesario tener *un punto*.

El poder del punto

Salí del Boeing 737 y caminaba por la pasarela hacia la terminal. Lo único en lo que podía pensar era en llegar a tiempo a la sede. Mi avión aterrizó una hora más tarde. El evento había comenzado e iban a anunciarme como orador en los siguientes treinta minutos. Mi caminar se convirtió en un trote lento y finalmente en un correr a toda velocidad. Me metí en el baño de hombres, encontré un puesto limpio y me cambié de ropa.

Mi esposa me estaba esperando en la acera. Tiré mi equipaje en el maletero y tomé asiento adelante mientras ella conducía. «Cinco mil personas esperándome en el centro de convenciones», pensé. Miles de preguntas me bombardearon: «¿Está listo mi PowerPoint y video? ¿Está mi mesa para vender libros?». Cada detalle de mi discurso tenía que ser perfecto.

Estaba preparado para llegar a tiempo y hacer mi presentación. ¿Sabía lo que iba a decir? Técnicamente, sí.

¿Estaba preparado emocionalmente para decirlo? Tal vez, pero era dudoso. La presión de editar el contenido, ajustar la formar de entregar mi discurso, acordarme de enfocar mi mirada en las cámaras de televisión, asegurarme de que mi apariencia fuera natural (y no como si hubiera corrido de un avión después de un vuelo de cinco horas), coordinar el lanzamiento de mi nuevo libro, y dar mi presentación más grande del año, todo eso produjo un giro a mi equilibrio emocional.

Dos minutos antes de subir al escenario, mi esposa se puso de pie frente a mí y me quitó un cabello suelto que estaba sobre mi hombro. Luego deslizó sus manos por mis hombros hacia mis codos, me miró a los ojos, y dijo: «Sólo recuerda el punto, cariño». «Ella tiene razón», pensé. Todo lo que necesito hacer es recordar el punto. Todo lo demás es secundario.

Muchas veces sentimos la presión de hacer diez cosas a la vez, y en el proceso, nos olvidamos de lo más importante, el punto. Es cierto en el matrimonio, en la paternidad, en las leyes, en las ventas, en la comercialización, en la distribución, en la política y en los negocios. El punto es lo que importa. Cuando fallamos en estas áreas, muchas veces es porque nos olvidamos del punto. El punto nos ayuda a mantener el rumbo. Nos ayuda a mantener la claridad y al mismo tiempo permanecer enfocados en nuestra misión. Nos mantiene atados a nuestro hilo dorado, aquello para lo cual hemos nacido.

Cuando hacemos una presentación de ventas, un discurso en público o explicamos razones por las cuales alguien debería invertir en nuestro negocio, equivocadamente podemos presentar demasiados puntos y, en el proceso, enterrar el más importante. Peor aún, algunos comunicadores nunca aclaran ningún punto. Ellos deambulan con la esperanza de que algo pueda pegarse. Sin embargo, grandes comunicadores saben que hay sólo un punto. Todo lo demás está destinado a apoyar ese punto principal. Puede haber varios objetivos a lo largo del camino, pero los mejores comunicadores planean y aclaran algo esencial que quieren que su audiencia se diga sí misma cuando se dirige hacia la salida. Ellos quieren que sus lectores, clientes o potenciales clientes, se lleven algo especial del encuentro. Ya sea que se trate de poner en práctica algo o tomar una decisión, quieren que la gente piense que su vida cambió debido a algo importante que se dijo durante dicho encuentro o presentación. Ellos quieren que los miembros de la audiencia lleguen a tomar decisiones transformadoras. Por ejemplo: «Hoy he descubierto que mi sueño es posible» o «estoy convencido de que la solución que acabo de leer es la mejor para mi situación».

Piense en los comunicadores más influyentes que conoce. Ellos presentan sus puntos tan claro como el cristal. Su público sabe exactamente lo que están diciendo. Ya sean autores, oradores, reyes, reinas o profetas, dirigen a sus seguidores a tomar decisiones transformadoras, dejando su punto concreto y fácilmente identificable.

Entonces, ¿cómo hacer que el punto sea sencillo, simple, coherente y comprensible? La respuesta es uno de los secretos mejor guardados en el arte de la comunicación. La siguiente sección de este capítulo revolucionará su capacidad de mantener una audiencia en la palma de la mano para que se lleven el punto en su corazón. Si usted va a ser un gran comunicador, convencer a miles, y llevar a la gente a tomar decisiones transformadoras, debe aprender el arte de contar *la historia*.

El poder de la historia

Me senté en la moderna sala de reuniones de una de las organizaciones sin fines de lucro más respetadas en América del Norte. Me habían pedido que los asesorara sobre la recaudación de fondos, algo que me encantaba hacer. Mi teléfono estaba configurado para vibrar, como es habitual cuando estoy en reuniones. Aun así, el sonido leve de tres mensajes de texto continuos vibró a través de mi chaqueta. Uno de los miembros de la junta miró en mi dirección desde su sillón ejecutivo de cuero. Miré adelante como si nada hubiera pasado. Luego discretamente deslicé mi mano en mi bolsillo y apreté el botón de encendido para asegurarme de que el teléfono no haría otro sonido. Por último, la reunión terminó.

Después de algunas bromas y de amables despedidas, encendí mi teléfono sólo para descubrir tres mensajes de texto de parte de mi esposa. Decían: «Sé que estás en una reunión, pero, por favor, llámame cuando puedas». Luego: «¡Llámame, por favor!». Finalmente: «¡Por favor, llama!». Así que lo hice.

—Cariño, ¿cuál es el problema? —le pregunté.

—Hoy fui testigo de tres milagros —respondió con un sentido de la moderación.

—¿En serio? —le pregunté.

—Sí, de verdad.

—Dime qué pasó —respondí.

—Escuché un ruido extraño de la sala de estar —dijo—. Yo sabía que la perrita Maggie estaba en la planta baja, así que no me preocupaba que alguien hubiera entrado a la casa. Bajé las escaleras y no podía creer lo que veía.

Por tres largos segundos, mi esposa no dijo una palabra.

—¡¿Qué ?! —exigí.

Luego dijo:

—¿Te acuerdas de lo que hicimos este fin de semana pasado?

—Un montón de cosas. Por favor, refresca mi memoria.

—Viajamos a la pequeña conferencia de la costa —agregó.

—Oh, sí, lo recuerdo. Pero ¿qué tiene eso que ver con lo que pasó en la sala de estar?

—Bueno, ¿te acuerdas del dinero en efectivo que reunimos por la venta de libros allí?

—Sí, —le respondí con impaciencia—, pero ¿qué tiene eso que ver con el ruido en la sala de estar?

—Bueno, cuando bajé, vi a Maggie (nuestra mascota de setenta libras) parada en medio de un montón de efectivo, comiendo tres billetes de veinte dólares.

—¿Qué? —grité—. ¿Cómo ocurrió esto?

—Yo tenía un depósito preparado en un sobre en el bolso, listo para llevar al banco. Ella se subió encima de la mesa del comedor, sacó mi bolso, y abrió el sobre. Cuando la vi, estaba comiendo billetes de veinte dólares.

—Lo siento, –le dije—. ¿Dijiste algo acerca de ver tres milagros?

—Sí, bueno, el primer milagro fue que se nota que Maggie no puede digerir completamente la moneda estadounidense. Así que al minuto siguiente, los vomitó.

—¡Uh bien! ¿Cuál fue el segundo milagro?

—Los bancos todavía aceptan billetes estadounidenses medio digeridos.

—Eso es una buena noticia. Asqueroso, pero una buena noticia. ¿Cuál fue el tercer milagro?

Con confianza y autoridad, ella dijo:

—¡No maté a Maggie!

Ese día aprendí una valiosa lección: ¡Nunca, en ninguna circunstancia, _____!

Amigo, en un momento, voy a llenar el espacio en blanco. Antes de hacerlo, sin embargo, ¿tengo su atención? ¿Quiere saber cuál es mi punto?

Cuando usted ha dominado el arte de contar historias puede compartir un relato personal o que esté relacionado con el tema, y con una ligera edición puede enfatizar el punto que desee. Por ejemplo, yo podría decir que aprendí una valiosa lección en ese día. Nunca, en ninguna circunstancia, deje su dinero sin supervisión o a su perro solo con cosas que son valiosas, o piense que su dinero es seguro, aun con un perro guardián que lo protege. Hay muchas cosas que podría destacar con esta historia, pero el punto que siempre enfatizo es *su dinero nunca es seguro*.

Usted puede ser un gran narrador de historias y nunca proponerse ser un comunicador, pero no puede ser un gran comunicador sin ser un gran narrador de historias. He escuchado los mejores comunicadores en inglés y en español de los siglos XX y XXI de los dos continentes. Algunos son escritores. Varios son oradores. Otros son presentadores. Conozco predicadores que hablan a miles de personas cada semana, aunque sus mensajes tienen el propósito de cambiar la vida de otros, sus sermones son mediocres si no han aprendido a contar historias de manera efectiva. Los políticos pueden hablar elocuentemente durante horas, pero sólo aquellos que pueden compartir un testimonio poderoso tienen impacto duradero. Los educadores pueden enseñar, los profesores pueden dar una conferencia y los filósofos pueden escribir enciclopedias, pero sólo aquellos que pueden ilustrar con eficacia su punto, utilizando historias, impactarán a su audiencia de una manera transformadora.

La sección más grande de las librerías no es la de autoayuda. Tampoco la de viajes, turismo u ocio. Definitivamente no es la historia o la filosofía. Es la ficción. ¿Por qué? Porque desde el principio del tiempo el mundo se ha enamorado de las historias, y en el futuro será previsible. Piense en ello. Las películas son historias. Dramas son historias. Musicales son historias. Comedias de televisión y telenovelas son historias. Todos los libros de los niños son historias. Las partes más memorables de la Biblia son historias. Así que, amigo, aprenda a contar historias de manera efectiva, y preparará el terreno para dirigir su audiencia a que tome decisiones transformadoras.

Creo en esto tan profundamente que empiezo cada sección de este libro con una historia. Las historias dan credibilidad, preparan el escenario y dan cuerpo a lo que queremos decir. Ilustran el punto y embarcan a su público en un maravilloso e inolvidable viaje.

Las personas pueden recordar o no los cinco puntos en su presentación de una hora. Pueden recordar o no la tesis de su artículo. Probablemente no retengan el quince por ciento de lo que dice. Pero siempre recordarán sus historias, y si usted las entreteje efectivamente a su punto, tendrá un poderoso impacto.

Entonces, ¿cómo puede convertirse en un buen narrador? ¿Cómo puede utilizar con eficacia el poder de la historia para llevar a la gente a tomar decisiones transformadoras? En primer lugar, comience con su mayor activo, la historia que mejor conoce. Empiece a esculpir su historia más famosa, la que ha contado más veces que cualquier otra, ese relato que usted cuenta mejor que nadie. O escoja la historia que relata cómo llegó al lugar donde se encuentra en este momento de su vida.

Cuando diga su historia describa «el antes». Cada oyente quiere saber cómo era la vida antes de que ocurriera la transformación. Muchas veces, esto incluye un breve resumen de su vida familiar mientras se criaba. También puede tocar la adversidad que enfrentaba antes de que sucediera el cambio. Luego describa «el momento de la transformación». El oyente quiere saber cómo fue el momento cuando experimentó el cambio o avance.

Entonces describa «el después». Su audiencia quiere saber cómo ha cambiado su vida como resultado de lo sucedido, el producto que utilizó o el cambio de paradigma. El oyente anhela saber cómo sus relaciones, su salud, sus sentimientos, y la dirección de su vida han cambiado.

Por último, cuente cómo lo que usted experimentó también puede transformar la vida del oyente. Al compartir su historia (o testimonio), usted dice: «Si mi vida cambió como resultado de _____ (llene el espacio), su vida puede cambiar también». Usted impactará muchas vidas. Esa es la función de una historia o del testimonio.

Tome en cuenta que las grandes historias tienen los siguientes ingredientes: introducción, marco o contexto, trama, problemas, desarrollo de personajes, el diálogo (incluso si es interno), el cambio del pasado al tiempo presente, un punto, y un cierre fuerte.

Como expliqué anteriormente, uno de los grandes subproductos de una historia es que cada oyente o lector extraiga el punto que necesita. No puedo decirle cuántas veces la gente leyó algo que escribí o me oyó hablar en una convención y me dijo después: «Me identifiqué mucho con lo que estabas diciendo». Entonces siguen hablando de un tema que yo nunca había mencionado. A veces me pregunto si habrán estado leyendo a un autor diferente o habrán participado de otra convención. ¿Por qué es eso? Los lectores, oyentes y el público en general tienen la costumbre de extraer lo que necesitan cuando lo necesitan.

Las historias más eficaces revelan nuestras debilidades. Cuando compartimos ilustraciones, historias o anécdotas que nos retratan como superestrellas sin oposición, el público no se identifica con nosotros. A la gente le gusta vernos triunfar, pero quieren ver las luchas, obstáculos y desafíos que enfrentamos con el fin de superarlo. El público quiere aclamar a los desvalidos, así que, si su historia muestra cómo usted superó la dificultad, eso va a inspirar, motivar y guiar a su audiencia a las decisiones de transformación. Todos quieren identificarse con gente «real» y personajes «reales».

El público disfruta especialmente de historias en las que el protagonista es imperfecto, comete errores, y parece un payaso o un bufón. Esto funciona bien especialmente, cuando usted como narrador, cuenta historias en las que tuvo éxito, a pesar de su debilidad. Ilustraciones y relatos que ponen en evidencia su humanidad, son una gran herramienta para ayudar a la gente a llegar a una decisión que cambia la vida. Piensan que si esa persona pudo superar las dificultades, «aun hay esperanza para mí».

Tal vez usted piensa: «No soy orador. No soy escritor. ¿Por qué tengo que aprender a contar historias?». Los grandes persuasores escriben, hablan, o presentan de una u otra manera. No puede persuadir sin compartir el testimonio de cómo la solución que usted ofrece cambia vidas. Así que si quiere motivar a la gente a que tome una decisión transformadora, la herramienta más poderosa que puede utilizar es el ejemplo de aquellos cuyas vidas han sido revolucionadas por sus ideas o productos.

Pasos prácticos para convertirse en un comunicador poderoso

Cada vez que gesticula, hace una pausa, habla o simplemente guarda silencio, dice algo. Usted se comunica todo el tiempo. La persuasión efectiva implica varias cualidades importantes.

Como comunicador persuasivo que conduce a la gente a tomar decisiones transformadoras, su diálogo interno debe ser confiado y seguro. Si no sus clientes o público detectarán sus dudas e inseguridades. También significa que usted transfiere efectivamente la que en realidad siente acerca de lo que está vendiendo o presentando. Si no es sincero o positivo con respecto a lo que presenta, es un manipulador. El producto o idea puede ser el correcto, pero si primero no lo convence a usted, se está mintiendo a sí mismo y a su audiencia. Usted debe ser comprador de lo que está vendiendo.

Como un gran comunicador, usted ve lo invisible cada vez que habla o escribe. Pinta un cuadro con sus palabras y crea un viaje para sus clientes o para aquellos a quienes está tratando de alcanzar. Si puede verlo, la audiencia también lo verá. Además, tener un punto es absolutamente esencial. Asegúrese de que sea relevante, perspicaz e ingenioso. Por último, utilice la herramienta más poderosa de los grandes comunicadores: la historia. Puede ser un gran narrador, aunque nunca se disponga a hablar o a escribir. Pero no puede ser un gran comunicador sin tener la base de un gran narrador.

Permítame recomendarle algunos recursos que lo ayudarán a alcanzar su máximo potencial: Primero, si usted quiere ser un gran orador, busque un gran maestro del habla. Tiger Woods tiene entrenadores de golf. Joe Montana y Michael Jordan tenían entrenadores deportivos. Cada gran líder político tiene consejeros. Así que si los grandes triunfadores en casi cualquier campo tienen preparadores, guías, mentores o asesores, ¿por qué usted piensa que no lo necesita? Si es un representante de ventas, presidente, abogado, administrador o dueño del negocio, encuentre a alguien que pueda llevarlo hacia el siguiente nivel como comunicador. Tengo un profesor del lenguaje, una editora para mis libros, y una cuenta con Survey Monkey para encuestas con respecto a mi comunicación.

Segundo, le recomiendo que asista a un seminario de narración de cuentos, que le permitirá a aprender acerca del arte de pensar y de comunicarse en la historia. Hay organizaciones que se especializan en el desarrollo de la habilidad de narrar.

Tercero, eche un vistazo a Toastmasters Internacional (www.toastmasters.org), una gran organización que tiene lugares en muchas ciudades de todo el mundo. Cada vez que se reúna para practicar sus habilidades de comunicación recogerá grandes consejos y aprenderá algo nuevo.

Cuarto, el Instituto Dale Carnegie (es.dalecarnegie.com) es una organización compuesta por entrenadores alrededor de los Estados Unidos y en algunos países del mundo. Ofrecen cursos para todas las áreas de negocio, enseñan cómo hablar en público y cómo liderar. Si usted está interesado en el desarrollo de sus habilidades en la presentación, este instituto lo ayudará a avanzar en esta área crucial.

Quinto, la Corporación Ziglar (www.ziglar.com), fundada por uno de los grandes comunicadores del siglo XX, tiene una serie de programas diseñados para capacitar a las personas para convertirse en grandes representantes de ventas, oradores y líderes. Aunque la mayoría de su material está en inglés, muchos de los libros de Ziglar se han publicado en español. Si desea mejorar sus habilidades de presentación o, simplemente, desarrollar al máximo su capacidad en su vida personal o en su profesión, la Corporación Ziglar puede contribuir con usted. Ellos me han ayudado a crecer de forma exponencial en muchas áreas de mi carrera profesional como comunicador. Finalmente, Bradley Comunicaciones (http://www.steveharrison.com), es una organización que tiene cursos exclusivamente en inglés. Steve and Bill Harrison ayudan a los empresarios a comercializar, dirigir y presentar sus mensajes de una manera muy eficaz y persuasiva. Han entrenado a miles de autores, vendedores, empresarios y oradores públicos, y cooperado con escritores como Robert Kiyosaki (autor de *Padre Rico, Papá Pobre*) y Jack Canfield (co-autor de *Sopa de pollo para el alma*), ambos de altas ventas en la lista de New York Times.

En las páginas anteriores, hemos hablado acerca de la esencia de un gran comunicador. En definitiva, estudiamos a «quién». El siguiente capítulo expone las habilidades que los grandes comunicadores utilizan para llevar a la gente a tomar decisiones transformadoras: estudiaremos «el cómo».

Preguntas para la discusión o reflexión personal:

1. ¿Cómo afecta su diálogo interno la manera en que se siente consigo mismo y con lo que está presentando? ¿Se siente seguro acerca de quién es y de las soluciones que ofrece? ¿Cuáles son algunas de las áreas donde se siente débil o insuficiente?

2. ¿Siente realmente lo que manifiesta con respecto a lo que presenta, ofrece o vende? ¿Transfiere sus sentimientos con facilidad? Si no, ¿qué es lo que lo detiene?

3. ¿Puede ver lo invisible cuando cuenta una historia o se comunica con los demás? Piense en tres de las historias más significativas que ha vivido. ¿Por qué son tan importantes para usted?

4. ¿De qué manera se puede llegar a ser más eficaz en el arte de la comunicación? En su opinión, ¿quién es uno de los mejores comunicadores que ha escuchado? ¿Por qué piensa que es tan eficaz?

5. ¿Qué es lo más importante que aprendió en este capítulo?

PODER PARA PERSUADIR

Capítulo 4

CÓMO COMUNICARSE PODEROSAMENTE

No importa la profesión, la carrera o la posición; los comunicadores poderosos tienen una gran influencia e importantes ingresos. Piense en ello. Cuando un atleta escribe y habla bien como Joe Montana, por ejemplo, puede ganar cientos de miles de dólares a través de sus charlas o ventas de libros. Lo mismo ocurre con los médicos como el Dr. Oz, abogados como Marco Rubio, y políticos como Bill Clinton. Esto es especialmente cierto para los vendedores como Zig Ziglar y para las celebridades como Oprah Winfrey. Es cierto incluso en ministros como Billy Graham y TD Jakes. Los comunicadores de gran alcance, en cualquier campo, son más eficaces, ganan más dinero y desarrollan un seguimiento más amplio.

Cada uno de estos ejemplos antes mencionados usa la persuasión para movilizar a la gente a tomar decisiones transformadoras. El liderazgo es importante, pero no es suficiente. Sienta las bases. Pero si usted realmente desea alcanzar su máximo potencial en cualquier profesión, hay que aprender «el cómo» comunicarse poderosamente.

Entonces, ¿cómo se logra ser un poderoso comunicador? ¿Qué es lo que separa a los grandes comunicadores de los mediocres? Hay siete habilidades que todos los grandes comunicadores desarrollan y que les permiten lograr su meta: son los «cómo» de las comunicaciones de gran alcance. La primera es *ver la necesidad*.

1. Viendo la necesidad

El Sr. Smith cruzó sus brazos y exclamó: «¡No me gusta el precio y no me gusta el color!». Luego preguntó: «¿Por qué cuesta tanto dinero?». David era un buen representante de ventas, porque era sincero y no manipulador. Tenía un don muy importante: podía leer a sus clientes. Sabía discernir entre una cortina de humo y una preocupación legítima. Él descubría lo que sus clientes necesitaban.

Tres semanas antes, el señor Smith había hecho un comentario sutil durante su primera conversación: «David, mis nietos son importantes para mí. Quiero dejarles un negocio saludable». Esas palabras marcaron la diferencia en la presentación de David. Creía que el Sr. Smith iba a comprar el producto porque entendía lo que necesitaba. Su objeción explosiva no lo desvió ni lo intimidó. En cambio, tomó una respiración profunda y miró al Sr. Smith a los ojos: «Déjeme decirle por qué creo que esta es la mejor solución para lo que usted está tratando de lograr», dijo.

David sacó su tableta con una imagen del proyecto que quería venderle a su cliente, y continuó: «La gente no da su dinero a una pequeña empresa a cambio de un servicio. Dan su dinero a personas. Cuando le compran, creen que usted hace el trabajo por ellos. Entran en un acuerdo de negocios porque confían en usted. Su compañía, Sr. Smith, es tan digna de confianza como lo es usted. Por eso su rostro tiene que ser parte del anuncio publicitario de su empresa, su cara tiene que ser parte de la imagen de su empresa».

David señaló la imagen generada por computadora del cartel con la cara del Sr. Smith bien visible. «El color coincide con la marca registrada de la campaña. Mi investigación indica que necesitamos una cartelera de este tamaño para que la gente pueda identificarlo fácilmente. Eso cuesta dinero, Sr. Smith, pero es dinero bien gastado. Si nos atenemos a esta campaña, su negocio va a ser rentable durante años y los miembros de su familia continuarán recibiendo los dividendos». David no parpadeó. Miró fijamente al Sr. Smith, suavemente apretó los labios y sonrió con seguridad. El Sr. Smith miró hacia abajo y, después de una larga y pensativa pausa, dijo: «¿Cuánto tiempo tardaría en instalarlo?».

«Si tengo su aprobación hoy —dijo David con confianza—, tomará diez días para hacerlo e instalarlo, y usted debería ver un cierto aumento de ingresos antes de que finalice el primer trimestre».

El Sr. Smith necesitaba una cartelera y un plan de marketing integral, pero quería ahorrar dinero. Más que nada, quería hacer crecer su negocio y dejar a sus nietos una empresa saludable. David pudo interpretar su pensamiento a pesar del rechazo inicial, y eso le permitió presentar la mejor solución.

Los comunicadores persuasivos saben que su audiencia está compuesta por cuatro tipos diferentes de personas. El primer grupo quiere saber lo fundamental y que usted provea resultados comprobados, que «vaya al grano». El segundo quiere ver su entusiasmo y su pasión. Este grupo es más sociable y desea desarrollar una relación con usted. El tercero quiere sentir que usted tiene la empatía y la capacidad para guiarlos hacia la solución que necesitan. Finalmente, el cuarto grupo quiere escuchar una presentación lógica con las estadísticas, las garantías y la prueba de que la solución es adecuada para ellos. No quieren estar empantanados por una apelación emocional.

Para el grupo uno, «vaya al grano», este libro debe tener sólo ocho páginas. Además, seguramente querrán que tenga copias en el maletero de mi auto, o descargarlo rápidamente de Internet.

El grupo dos, «muéstreme su pasión», preferiría hablar sobre el contenido de esta obra en una reunión informal, tal vez durante el almuerzo. Al tercer grupo, «demuéstreme que le importa», le gustaría que el libro tuviera ciento cincuenta páginas más y que tomara todo el tiempo necesario para demostrar claramente que tengo la solución adecuada para ellos. Pero antes de comprar el libro, quieren tiempo para pensar y analizar su compra. Al último grupo, «simplemente, suscríbase a los hechos», le gustaría que citara más eruditos y además que le demostrara que he hecho toda mi tarea.

Hay personas que conviven en dos grupos al mismo tiempo. Por ejemplo, son sociables y quieren que usted llegue al punto. Otras quieren que demuestre que ha hecho su investigación y sea apasionado sobre su tema. Por supuesto, todos tenemos algunas de las características de cada zona, pero tendemos a ser más fuertes en una o dos. Por eso hago un balance entre el estilo narrativo y el informativo en mi forma de escribir, presentar y hablar. El contenido narrativo incluye cuentos, ilustraciones, chistes con lenguaje pictórico y visual. Las historias conectan bien con los grupos uno, dos y tres. El contenido informativo incluye estadísticas, lógica y gráficos numéricos y empalman bien con los grupos uno, tres y cuatro. Si puedo armar una presentación escrita o verbal que tenga ambos elementos, habrá algo para todos. Así que la clave para convertirse en un poderoso comunicador está en hallar un buen equilibrio entre las dos formas (narrativas e informativas) para mantener a su audiencia conectada.

Con el fin de comunicarse con una amplia variedad de personas ya sea en reuniones individuales, presentaciones de negocios pequeñas, aulas, o grandes estadios, tenga varias cosas en mente. Sea directo, conciso y preciso. No abrume a la gente con datos, pero permítales ver que la información adicional está disponible si la necesitan. Sea alegre, apasionado, y entusiasta. Prevea las preguntas que surgirán de la audiencia y asegúrese de que su ritmo no sea demasiado rápido. A las personas que entreno les enseño a utilizar menos palabras, pero elegir las que dicen más. Esto es cierto si usted es un presentador, locutor o escritor. Le permitirá comunicar más en menos tiempo y sin prisa alguna. Por último, haga su tarea, demuestre sus hechos y muestre un poco de estructura para los que lo necesitan.

2. Entendiendo el deseo

«¿Qué puedo decirle a esta gente? ¿Realmente no tengo nada que ofrecerles?». Emily estaba aterrorizada antes de su presentación a la junta.

—¿Por qué mi jefe me pidió que dirigiera en este proyecto? Está más allá de mis habilidades, —dijo. No me gusta hablar. No me gusta vender. ¡No me gusta pararme delante de grupos!

—¿Cuántas personas habrá en la sala?, —le pregunté.

—Nueve, —respondió ella.

Emily me pidió que le ayudara a armar una presentación. Cuando pienso en su estado mental en el momento, creo que ella quería una salida fácil y rápida de la tarea. Le aseguré que nadie muere cuando hace una presentación, y que si podía obtener una perspectiva más amplia, haría un gran trabajo e incluso podría disfrutarlo en el proceso.

—¡Tendré suerte si sobrevivo! —se quejó.

—Dime: ¿qué quieren los que toman las decisiones en la reunión? —le pregunté.

—No tengo ni idea.

—Bueno, ahí está el problema —le dije. Si supieras lo que quieren, ¿no se lo darías?

—Por supuesto que sí —respondió ella.

—Si estuvieras segura de qué es exactamente lo que quieren, apuesto que te sentirías mucho más confiada.

—Sí, eso es fácil de decir, pero ¿cómo puedo conocer lo que la gente quiere?

Como descubriremos en esta sección, la forma más sencilla es preguntarles. Sugerí que Emily enviara un correo electrónico a cada persona que asistiría a la presentación.

—Envíales tres preguntas sencillas. Una vez que respondan, tendrás el cincuenta por ciento de la investigación realizada. Entonces compón una presentación que muestre claramente cómo puede ayudarlos a alcanzar sus objetivos.

Al principio, parecía escéptica, pero finalmente accedió. Entonces le dije: «No sólo les envíes el correo electrónico sino que también pídeles que respondan a las preguntas. Introdúcelas con el siguiente contexto: "Tengo muchas ganas de servirles lo mejor que pueda, pero tengo la sensación de que están enfrentando algunos desafíos importantes. Con el fin de preparar el tiempo que compartiré con ustedes, me gustaría tener una perspectiva más amplia. Por eso, le pido que conteste tres preguntas básicas. Por favor, tómese su tiempo y exponga todo lo que desea en cada una de las siguientes preguntas"».

Escribí estas tres preguntas en una hoja de papel y se la entregué a Emily:

1. ¿Cuál es la mayor frustración que usted enfrenta en su negocio hoy?

2. Si pudiera chasquear los dedos y hacer que algo maravilloso suceda en su empresa, ¿qué le gustaría que ocurriera y por qué?

3. ¿Por qué hecho o acción quiere ser recordado en su organización?

La respuesta a la primera pregunta nos indica qué tema le quita el sueño a la gente y le roba la paz. Si descubre qué es y presenta una solución al respecto, les dará a sus clientes uno de los regalos más importantes: la paz de la mente. Por lo menos, usted será capaz de ayudarlos a moverse en esa dirección.

La respuesta a la segunda pregunta, relativa al chasquear los dedos, nos habla de sus sueños, objetivos y metas. Nos dice dónde la gente quiere ir y lo que quiere hacer. Si puede ayudar a las personas a alcanzar sus metas, usted se convierte en alguien más importante que un vendedor, un consultor o un representante de la compañía. Se transforma en un aliado, en un miembro de su equipo. Se mueve del lado del vendedor o proveedor al lado opuesto de la mesa, al lado de su cliente. Ahora, están trabajando juntos.

La respuesta a la tercera pregunta, cómo quiere ser recordado, revela la reputación que la gente quiere construir y el legado que quiere dejar. Créame, ninguna persona en su sano juicio quiere ser recordada por la destrucción de su organización. La gente quiere tener un legado digno, y cuando usted la ayuda a moverse hacia ese fin, la está ayudando a tomar decisiones transformadoras. Las tres preguntas están diseñadas para lograr que el comunicador descubra lo que la gente realmente quiere.

Emily escribió el correo electrónico y se lo envió a los participantes. Para su sorpresa, todos ellos respondieron extensamente. Ofrecieron varios párrafos de expresión emocional y con información que no tenía precio. Me llamó y me dijo: «No vas a creer lo que decían. Tengo tanta información acerca de lo que quieren lograr que puedo ofrecerles varias soluciones». Pronto el miedo de Emily se disipó. Ella se llenó de valentía y de entusiasmo, y armó una presentación excelente. Mientras salían de la sala de conferencias, cada uno expresó su sincero agradecimiento. Ella tenía una sonrisa tan amplia que podría haber comido un plátano de costado. En lugar de preguntar: ¿qué puedo decir a esta gente? o ¿realmente tengo algo que ofrecerles?, pregúntese cómo puede descubrir lo que en verdad su público quiere. Antes de hablar, hacer una presentación o escribir una propuesta, investigue las aspiraciones, necesidades, y deseos de su audiencia.

Imagine lo poderosa que sería su presentación si usted supiera lo que le quita el sueño a su audiencia o si entendiera claramente cuáles son sus mayores frustraciones. Descubra sus mayores temores. Averigüe lo que harían si pudieran chasquear los dedos y hacer suceder tres cosas específicas inmediatamente. Pregúnteles: «Si pudieran hacer cualquier cosa y saber que no fallaría, ¿qué harían?».

Tener las respuestas a estas preguntas hará que usted sea un poderoso comunicador. Después de todo, el conocimiento es poder, y le ayuda a ofrecer soluciones a las personas que se sienten frustradas, pegadas en ciclos viciosos, pero quieren seguir adelante. Si desea ayudar a la gente a moverse hacia las decisiones de transformación, entonces necesita saber qué los motiva y qué quieren.

Estoy convencido de que la gente compra de mala gana lo que necesita, pero con entusiasmo compra lo que quiere. ¿Alguna vez ha visto a la gente hacer cola para comprar el brócoli o la coliflor? Probablemente no. La gente necesita verduras, pero no hace un esfuerzo extraordinario para comprarlas. En cambio, después de la cena de Acción de Gracias hace fila de cuatro horas para comprar una gran pantalla de televisión o algún otro artilugio. Encuentran el dinero para comprar lo que quieren comprar y el tiempo para hacer lo que quieren hacer. Hallan la manera para ir a donde quieren ir. Así que investigue de antemano las respuestas a las preguntas mencionadas anteriormente y descubrirá lo que su público realmente quiere.

3. Leyendo a su audiencia

Estuve a punto de viajar tres horas al norte de Minneapolis para dar una charla en una pequeña comunidad. Mientras me dirigía hacia la puerta, mi suegro me detuvo. «Jason, quiero decirte algo acerca de las personas en ese pueblo minero de carbón, —dijo. No son fáciles de leer». Él continuó: «Ellos pueden reírse o no de tus chistes. Probablemente no te darán una ovación de pie o incluso no aplaudirán cuando hayas terminado, pero puedes aprender a leerlos mirando sus ojos».

Después de que me presentaron, inicié mi charla. Estoy eternamente agradecido con mi suegro porque compartió conmigo esa perspicacia acerca del lenguaje corporal de mi público. Ellos hablaban inglés, al igual que yo. Tenían los ojos azules, como los míos. Todos ellos nacieron y se criaron en los Estados Unidos. Pero cuando comencé a hablar, sentí que estaba hablando con una tribu indígena en la selva amazónica. Eran educados y civilizados, pero me miraron como si estuvieran viendo una pared recién pintada, secándose. No eran expresivos, y nadie asintió en acuerdo con ninguno de mis puntos. Sin embargo, sus ojos indicaban que estaban conmigo. Cuando me movía a la izquierda o la derecha, nunca perdieron contacto visual. Cuando me detuve, no se inmutaron. Nadie miró su teléfono o su reloj ni se levantó para ir al baño.

Durante una parte de la presentación cuando hablé un poco sobre la investigación, me di cuenta de que a algunas personas se les hacía pesados los párpados. Así que rápidamente introduje una historia para recuperar su atención y fortalecer mi contacto con ellos. Después de terminar mi discurso, les di las gracias por haberme escuchado y les deseé lo mejor. El anfitrión se adelantó y dijo de una manera muy desapasionada: «Yo no sé ustedes, amigos, pero ese discurso me emocionó». Su lenguaje corporal no coincidió con sus palabras, pero en el fondo de su ser estaba agradecido. Cuando se despedían, muchos pasaron por mi mesa para agradecerme y me dieron la mano. Hasta ese momento, pensé que simplemente había sobrevivido a mi discurso, cuando en verdad la audiencia lo había disfrutado.

Una de las habilidades más poderosas de la comunicación que usted puede desarrollar es la lectura del lenguaje corporal de su público durante la presentación. Recoger las sutilezas tales como el contacto visual, el lenguaje corporal y su grado de reacción le dirá si necesita cambiar de marcha o de dirección, o enseguida editar su material. Su audiencia y los clientes le avisarán antes de que se desconecte completamente de su presentación.

Esté atento a más de una persona que se duerme. Busque a más de una persona que esté jugueteando con su celular. Observe si hay más de una persona que está sentada con los brazos cruzados o susurrando constantemente algo al oído de su vecino. ¿Por qué digo más de una persona? Porque en cada audiencia o grandes presentaciones de ventas, alguien se va a dormir. También es cierto que varios juguetean con sus teléfonos o miran su reloj. Hay uno de ellos en cada audiencia. No se asuste si una sola persona parece desinteresada en lo que dice, pero si ve a varios distrayéndose, entonces ¡preste atención! Si algunos de los espectadores tienen sus ojos vidriosos mientras usted habla, haga una transición rápida a algo más interesante para ellos. Eso es lo que llamo editar en el acto. Eso separa a los grandes oradores de los mediocres. Los presentadores y oradores que no entienden esta importante habilidad corren el riesgo de perder su audiencia o algo peor: puede ser que los aleje de las decisiones transformadoras a la apatía total.

Muchas veces he visto comunicadores que no quieren salir de un guión que a nadie le importa. En lugar de leer las señales dadas por sus clientes o por su público, presentan su material como si estuvieran conduciendo su auto en un largo viaje de tierra en el desierto. Mientras tanto, el público se pregunta: «¿Ya llegamos?».

Los clientes nunca deberían tener que sufrir durante una presentación ni mirar sus teléfonos inteligentes o tabletas, preguntándose, ¿cuándo terminará este aburrimiento? ¿Por qué hace las cosas tan difíciles? Aprenda el beneficio de la edición durante la presentación. Ya sea que usted se esté dirigiendo a cinco personas o cinco mil, las siguientes técnicas le ayudarán a cambiar las cosas rápidamente en cualquier encuentro.

Si no está seguro de si su público está atento, hágale una pregunta interesante sobre el tema de su presentación. Por ejemplo: «¿A cuántos de ustedes les gustaría…? o ¿Alguno de ustedes quiere adivinar cuál es la forma más popular de…?».

Otra manera de cambiar el curso de su charla es hacer una pausa. Pocos comunicadores dominan el arte de la pausa. Los grandes comunicadores mantienen a la gente en suspenso con sólo tomar unos segundos para decir: «Una de las verdades más poderosas que he escuchado fue…». Entonces deténgase por un momento sin decir una palabra. Luego, termine la frase. Sea deliberado. Sepa lo que va a decir. No demuestre estar confundido o perdido. Véase natural, convincente y seguro.

Con los años, comprobé que una técnica muy eficaz es susurrar un punto o una frase importante en un momento determinado. Esto hace que las personas giren un poco la cabeza, porque quieren escuchar lo que parece ser un secreto.

Sin embargo, hay un delicado equilibrio. Usted debe susurrar de modo que todo el mundo pueda oír, pero hacerlo tan débil como para que su audiencia se concentre deliberadamente en sus palabras. Si logra ese equilibrio, su presentación tendrá una dinámica totalmente nueva.

Como mencioné antes, la manera más efectiva de conectarse con un público es contarle una historia. En casi todos los casos, un relato bien aplicado redimirá lo que parece ser un caso perdido. Usted verá una transformación de su público cuando los lleva en un viaje narrativo. Nada llama más rápido la atención de una audiencia que una buena historia.

4. Valorando la introversión

«No sería buena en ventas. Soy demasiado tímida, y no me gusta el rechazo.» Esas fueron las palabras de Stephanie, una joven que abandonó sus estudios universitarios a los veintitrés años.

—La timidez no tiene nada que ver con eso, —le aseguré—. Los introvertidos son excelentes comunicadores y grandes vendedores.

—¿Cómo es eso?, —preguntó ella con incredulidad.

—Tienen un don del que los extrovertidos suelen carecer. Son buenos observadores, ya que generalmente no hablan demasiado.

—¿Qué tiene que ver eso con las ventas?, —preguntó Stephanie.

—Los comunicadores de gran alcance tienen buen contenido. Su entrega no se trata sólo de una buena interpretación. Los grandes comunicadores tienen algo digno que decir. Tómate el tiempo para averiguar lo que necesitan tus clientes y buscar la manera de resolver su problema. Luego permítete expresar tus convicciones. Te aseguro que con el tiempo te convertirás en un buen representante de ventas.

—¿Qué quieres decir con "permítete expresar tus convicciones"? —preguntó.

Yo sabía que si ella podía comprender ese concepto, se convertiría en una vendedora de éxito. Así que le expliqué:

—Los introvertidos soportan y procesan una tonelada de información porque escuchan y miran. Luego, sus creencias sobre eso se convierten en convicciones. Las convicciones son sentimientos fuertes que nos impulsan a la acción, nos ayudan a superar las barreras, la timidez o los retrocesos, para hacer lo que creemos que es correcto. Así que cuando te permites expresar tus convicciones, transmites confianza con el curso de una acción correcta. Parecerás genuina y sincera. Nada es más importante en la comunicación que la sinceridad y la autenticidad.

El lunes siguiente Stephanie se postuló para un puesto de ventas en una compañía de Fortune 500. Fue contratada y un año después abarcaba un territorio bastante desafiante. Doce meses más tarde, se convirtió en la representante más exitosa en su oficina, y al siguiente año en la número uno de ventas de su distrito. Después de una década, es una de las más jóvenes vicepresidentes regionales de la organización. Hoy viaja por el mundo entrenando a representantes de ventas y de marketing acerca de cómo escuchar las necesidades de sus clientes.

Esta historia ilustra un punto importante. Ser una persona extrovertida no garantiza que sea un gran comunicador, representante de ventas, líder, actor, o maestro. Sin embargo, los introvertidos tienen una ventaja que les permite ver los corazones de su público. Debido a su capacidad de escuchar y de comprender, pueden formar un plan que satisfaga estratégicamente las necesidades de aquellos que desean ayudar. Si usted es una persona extrovertida a la que le gusta hablar, desarrolle la capacidad de cerrar la boca y abrir los oídos. Salga del protagonismo y dé lugar a sus miembros y clientes. Déjeles que revelen sus destrezas, debilidades, sueños y aspiraciones. Anímelos a compartir sus victorias y logros, así como sus derrotas, desilusiones, y decepciones. Descubrirá que a la gente le encanta hablar de sí misma si se le da la oportunidad.

5. Enfocándose en el uno

Mi profesor de la universidad comenzó la clase contando una historia. Nos habló acerca de una niña que superó una barrera importante para vivir una vida fructífera y significativa. Era una de esas historias que nunca se olvidan. Cuando terminó, dijo: «Mira, amigo, si ella pudo superar su obstáculo, tú también puedes». Así comenzó su conferencia.

Lo primero que me llamó la atención de su historia fue que se trataba de una persona, no de cincuenta. Las personas no se identifican con las multitudes, sino con una persona. Los clientes se identifican con un cliente. Los pasajeros se identifican con un pasajero. Los padres se identifican con uno de los padres. Los estudiantes se identifican con un estudiante, y todos nosotros nos identificamos con un alma solitaria que quiere encontrar su verdadero amor. Disfrutamos de una historia sobre alguien que se traslada de la pobreza desesperada a la estabilidad financiera. ¿Por qué es eso?

Tendemos a vernos en los personajes de las historias, y cuando hay demasiados caracteres, es difícil ver el desarrollo de los personajes. Cuando no hay un desarrollo de los personajes, no hay ninguna conexión entre la ilustración y el oyente o lector. Los grandes comunicadores entienden que las ilustraciones poderosas tratan de un personaje principal que pasa por pruebas y tribulaciones antes de llegar a su destino, la victoria, o la resolución. Cuando comparte una historia con un público, hace una presentación de ventas, escribe un artículo de opinión o comenta algo importante con un cliente, no se le olvide enfatizar cómo cambió la vida de una persona.

Lo segundo que hizo el profesor fue usar la palabra «amigo». No sonaba como si estuviera hablando a un grupo de cientos de estudiantes universitarios. Él estaba hablando a un centenar de individuos, uno a la vez. Eso es lo que hacen los grandes comunicadores. Hablan a un grupo, pero le hablan a una sola persona. Escriben acerca de una persona y le escriben a su lector. El locutor de radio habla a una persona (el oyente) de la misma forma que el locutor de televisión habla a una persona (el televidente).

En una pausa comercial durante mi primera entrevista de radio, mi anfitrión dijo: «No digas: "Quiero saludar a todos los oyentes". Háblale a una persona. El público puede ser de un millón, pero son un millón de personas. Cada uno de ellos quiere sentir que le estás hablando directamente a él». ¡Qué consejo genial! Lo mismo ocurre en la radio, en la televisión y con grupos pequeños o auditorios con miles de personas. Cada vez que hago una presentación, me dirijo a una persona a la vez.

¿Cómo se puede hablar con una persona a la vez en una gran muchedumbre? Mire directamente a una persona y hable con ella. Después de detener su mirada en ella un par de segundos, mire a otra persona y hable con esa persona por un segundo o dos. Siga haciendo eso hasta cubrir todo el lugar con un buen contacto visual. No solo mire a la persona y hable. Realmente comuníquese con cada persona. Haga que cada uno de ellos sienta que usted está comprometido en una conversación transformadora.

Ya sea que cuenten historias sobre un individuo o hablen a las personas en una multitud, los grandes comunicadores aprovechan el poder del «uno» y lo utilizan para su ventaja.

6. Utilizando las dinámicas vocales

La multitud parecía agotada. Era la última mañana de una conferencia de tres días. La noche anterior, la sesión había terminado a la una de la mañana. Tom tenía que presentar la última sesión de la actividad y sabía que si no era interesante, perdería la audiencia en cuestión de segundos.

Algunos momentos antes de que Tom comenzara a hablar, se acercó al productor y le pidió permiso para bajar del escenario durante su tiempo y caminar entre la multitud. Él estuvo de acuerdo.

El anfitrión presentó a Tom y le dio el micrófono. Él puso sus notas en el podio, miró a la audiencia por un momento y comenzó diciendo: «Hoy puede ser el día más importante de tu vida».

Entonces Tom continuó contando una historia mientras caminaba lentamente fuera del escenario, aunque con un destino específico en mente: Se dirigió a la plataforma donde estaban montadas las cámaras en medio de la multitud. Los que estaban en las primeras veinte filas tuvieron que girar noventa grados para verlo. Se subió a la plataforma justo detrás de los camarógrafos. Ellos no podían girar las cámaras para captar su imagen. Se quedó allí durante dos minutos y lentamente inició la caminata de regreso al escenario mientras terminaba la historia.

Se puso a hablar más despacio. Luego aumentó su velocidad.

Bajó la voz, luego la alzó. En el momento apropiado se detuvo, miró a la multitud, y esperó un segundo o dos antes de continuar. Nunca modificó su contenido, tampoco, su propósito. Nunca alteró su cierre. Simplemente cambió su forma de presentar el mensaje.

Los grandes comunicadores tienen presencia. Tienen una increíble capacidad para proyectarse desde el escenario hasta la persona sentada en el último lugar. Ya se trate de Luis Miguel, Ronald Reagan, Michael Jackson, Anthony Robbins, o CS Lewis, los comunicadores efectivos desarrollan la habilidad de que cada observador, oyente, o lector sienta que es parte de la presentación. ¿Cómo puede convertirse en un orador dinámico? Aquí están algunos puntos que considerar.

En primer lugar, los comunicadores poderosos saben que algo es monótono incluso cuando se está gritando. Si no varía su voz en cuanto al tono y al volumen, suena monótona y sin interés. En el momento adecuado, baje o levante la voz. Muéstrese entusiasmado, compasivo, convencido, y reflexivo. Sea apasionado y considerado. Hay momentos en que un gran orador parecerá triste, conmovido, y desilusionado. Puede incluso llorar. Haga lo que haga, sea interesante, no como un robot o como un zombi.

En segundo lugar, los comunicadores poderosos se mueven durante sus presentaciones o discursos, y lo hacen con propósito. No caminan de un lado a otro, nerviosamente y sin pensar. Más bien, se trasladan a lugares estratégicos en el escenario, en una oficina o en una sala de estar. Lo hacen con un motivo específico en mente, manteniendo a todo su público conectado.

Tercero, los presentadores dinámicos varían la velocidad de su mensaje. Dicen más con menos palabras. Se ralentizan para poner énfasis en las partes que quieren destacar y aceleran su discurso cuando el público puede llenar los espacios en blanco. De esta manera pasan rápidamente por las secciones que no son tan vitales

Cuarto, los comunicadores poderosos no se limitan a llenar las ondas con un montón de palabras. Si quieren que su palabra ingrese al alma, le dan tiempo para que se absorba. Ellos saben cómo hacer una pausa sin verse confundidos. Cuando se detienen, miran los ojos de su público para encontrar allí su próxima oración. La pausa crea un momento dinámico que lleva a la audiencia hasta el borde de sus asientos.

7. Manteniendo la sencillez

«Nunca he visto una presentación tan compleja en mi vida», pensé. Me senté en la audiencia completamente confundido. El orador presentó setenta y cinco puntos diferentes, repartidos en cuarenta diapositivas de PowerPoint. ¿Cuál era el tema? «Cinco principios simples para iniciar un negocio exitoso.»

Las diapositivas de PowerPoint se veían muy profesionales. El presentador era amable y parecía bien informado. Cuando terminó, yo no sabía qué pensar. Al principio, creí que tal vez me había desconectado porque estaba cansado. Pero cuando miré a mi alrededor, vi a muchas personas que enviaban mensajes de correo electrónico, que se ocupan de la actualización de sus páginas de Facebook, o twitteaban a sus seguidores. Después los comentarios en el pasillo no fueron muy corteses. Escuché: «Ese tipo es la cura para el insomnio», y, «Recuérdame que nunca tome ese seminario de nuevo». El problema del orador no fue la falta de conocimiento, de preparación o de pasión por su tema. Él no pudo ejecutar uno de los principios más importantes de la comunicación, *hacer simple lo complejo*.

Una de las cosas que los grandes comunicadores saben

hacer mejor que la mayoría, es reducir los conceptos complejos en principios comprensibles para todos. Sócrates dijo: «La verdadera sabiduría viene a cada uno de nosotros cuando nos damos cuenta de lo poco que entendemos acerca de la vida, de nosotros mismos, y del mundo que nos rodea». El discurso de Gettysburg de Abraham Lincoln contiene sólo doscientas setenta y ocho palabras. De ellas, doscientas diez tienen una sola sílaba. Jesús hizo el concepto de vida eterna comprensible para todos, especialmente, para los pobres en espíritu.

Utilice sus palabras como una herramienta estratégica para esculpir una presentación efectiva, una historia dinámica, y un principio verdadero que cambia la vida. Haga que cada palabra cuente para algo. Si alguna no funciona, cámbiela por una más eficaz. Haga de cada frase un trampolín que lleve a sus clientes o a su audiencia a tomar decisiones transformadoras. Cuando usted se comunica de la manera más simple que puede, está sentando las bases para convertirse en el comunicador de gran alcance que ha nacido para ser.

Pasos prácticos para la comunicación eficaz

Cuando tenga una exposición, conferencia, o presentación de ventas, llegue temprano y dé un vistazo al lugar. Si es posible, explórelo. Desde diferentes puntos del auditorio, imagínese a sí mismo haciendo su presentación con el lugar lleno de gente. Visualice la reacción de su audiencia. Anticipe sus objeciones. Sienta sus luchas, su dolor, sus aspiraciones, sus esperanzas y sus sueños. Entonces proponga en su corazón ayudarlos de la mejor manera que pueda.

Si en su presentación se utilizan otros recursos como obras de teatro, diapositivas de PowerPoint o video, tiene que ser su decisión. Sólo asegúrese de que usted sea la fuerza impulsora detrás de estas ayudas. No permita que estos elementos lo controlen durante la presentación. Mantenga la libertad para modificarla en caso de que necesite ajustar su contenido o su enfoque.

Cuando usted presente, sea convincente, entretenido, un transformador de vida, lógico, profesional, humilde y esté alineado con su hilo dorado. Mencione a su cónyuge, a su familia, su educación, y su deseo de ayudar a su público. ¿Por qué son tan importantes estas cosas? Nada da mayor credibilidad que una familia de apoyo. Usted es «digno de ser escuchado» cuando es profesional, tiene autoridad, y está alineado a su hilo dorado. Nada lo conectará más rápido con sus clientes y con su público que mostrarse «humano».

El siguiente bosquejo es una estructura básica y eficaz para ayudarle a preparar su presentación.

Introducción - Romper el hielo y compartir por qué usted es creíble
- Comunique una idea clara de lo que va a hablar y diga por qué el tema es importante
- Identifique el problema y las personas a las que afecta.
- Pregunte a la audiencia si ha enfrentado problemas similares.
- Utilice una oración de transición y el primer cierre que finaliza la lección o la oferta propuesta.

Declare su primer punto
- Use las estadísticas, los números, las pruebas, y la información de respaldo.
- Cuente una historia o comparta un ejemplo para reforzar su primer punto.

- Repita el primer punto.
- Transición hacia el segundo punto y el segundo cierre.

Declare su segundo punto
- Use las estadísticas, los números, las pruebas, y la información de respaldo.
- Cuente una historia o comparta una ilustración para reforzar el segundo punto.
- Repita el segundo punto.
- Transición al tercer punto y el tercer cierre.

Declare su tercer punto
- Use las estadísticas, los números, las pruebas, y la información de respaldo.
- Cuente una historia o compartir una ilustración para reforzar el tercer punto.
- Repita el tercer punto.
- Dé un resumen de una frase de cada punto.

Conclusión y cierre

Permítame cerrar este capítulo afirmando una lección muy importante. La comunicación de gran alcance, las ventas exitosas y un liderazgo efectivo no son rasgos innatos. Son habilidades que pueden enseñarse y aprenderse. Estoy convencido de que si pone en práctica estos principios, usted desarrollará habilidades para convertirse en un comunicador altamente persuasivo.

Preguntas para la discusión o reflexión personal:

1. ¿Por qué es tan importante diferenciar entre lo que sus clientes quieren y lo que necesitan? ¿Cuál de estas cosas es más poderosa? ¿Por qué? ¿Cuáles son las mejores preguntas que usted ha hecho a sus clientes? ¿Cómo esas preguntas se transformaron en buenas oportunidades para usted?

2. ¿Qué puede hacer usted para evitar que las personas se desconecten mentalmente de sus presentaciones? Dé algunos ejemplos de cómo puede mantenerlas conectadas.

3. ¿Por qué las personas introvertidas tienen una ventaja en las ventas, la actuación, el escribir y el hablar?

4. ¿Por qué es tan importante la sencillez en la comunicación? ¿Cuáles son algunas formas en las que usted puede hacer que su conferencia o su escrito sean más concretos y relevantes?

5. ¿Qué es lo más importante que aprendió en este capítulo?

SECCIÓN III

SOLUCIONES
PERSUASIVAS

PODER PARA PERSUADIR

Capítulo 5

ROMPIENDO EL
TECHO DE CRISTAL

¿Sueña con llegar a la cumbre de su profesión o convertirse en el mejor en su campo? Si es así, ¿qué lo detiene? Realmente, ¿quiere cambiar el mundo con su producto o su idea, dirigir su organización, ganar millones de dólares, o simplemente elevar a su familia a un nuevo nivel de vida? ¿Qué le impide lograrlo? ¿Se trata de un techo de cristal o de otra forma de prejuicio o discriminación? ¿Puede ser que su jefe constantemente lo malinterprete? ¿Es la falta de dinero, educación o recursos? Tal vez usted no ha conseguido la oportunidad que se merece.

Nido Qubein, un exitoso hombre de negocios y conferenciante motivador premiado, que es un inmigrante, dijo: «Los inmigrantes, en los Estados Unidos, tienen cuatro veces más probabilidades de convertirse en millonarios que los que nacieron en los Estados Unidos».[1] ¿Qué es lo que les da el poder para romper las barreras y el techo de cristal? En primer lugar, ellos no creen la mentira que declara que no se puede avanzar. Cuando descubren que los Estados Unidos tienen problemas, es demasiado tarde, ellos ya han encontrado el camino hacia el éxito financiero.

En segundo lugar, han viajado miles de kilómetros, han tratado con el trauma de una mudanza internacional y han negociado conflictos culturales grandes como para superar las barreras lingüísticas. Si son capaces de soportar tales adversidades, ¿qué les impediría trabajar ochenta horas a la semana y vivir como mendigos para forjar un futuro de éxito para sus familias?

Si usted es un inmigrante, una mujer o pertenece a una minoría social, es muy probable que haya tenido que lidiar con un techo de cristal u otra barrera para avanzar en su profesión. La verdad es que, independientemente de su raza, nacionalidad, sexo, edad, o nivel socioeconómico, puede sentir que hay algún obstáculo que bloquea su éxito. Pero en realidad, ¿qué es peor, un obstáculo percibido o uno real? La ilusión de una barrera puede ser tan desalentadora como una verdadera. El prejuicio y la discriminación debilitan tanto si son reales como imaginarios.

Los persuasores poderosos se mueven más allá de sus barreras y obstáculos para alcanzar su máximo potencial. Ese es mi deseo para usted. El objetivo de este capítulo es darle cuatro percepciones maravillosas para ayudarlo a superar los obstáculos que le impiden crecer más allá de cualquier techo de cristal. La primera es fortalecer y darle energía a su activo más importante.

1. Fortaleciendo su mayor activo

Mi esposa y yo nos dirigíamos hacia el centro de convenciones, en el corazón de Milwaukee. Nuestros anfitriones, Teodoro y Noemí Esquivel compartían algo que realmente nos conmovió. Son miembros de Signature Equipovision, una gran organización formada por empresarios. Un par de años antes, su presidente, Juan Ruelas, se dirigió a un nutrido grupo de representantes y líderes y dijo: «¡Por favor, no me digas que has venido a este país para mirar la televisión!». Continuó: «¿Por qué va usted a viajar tan lejos, poner a su familia en medio de la adversidad, y tomar un gran riesgo sólo para sentarse en el sofá y ver la televisión?».

Mis anfitriones me dijeron lo que sintieron al escuchar esas palabras de un inmigrante a otro. Me dije a mí mismo:

«Esa frase realmente golpea». ¿Por qué tantas personas se sientan y pierden tanto tiempo cuando aspiran a lograr cosas grandes? ¿Por qué dejan que se les escapen miles de horas y que otras influencias controlen su destino? Los comentarios de Juan son verdaderos no sólo para el inmigrante, sino para cualquier persona que permite que su vida sea gobernada por el entretenimiento sin sentido. Cuando usted no se hace cargo de labrar su propio destino, algo o alguien más lo hará.

Esta sección se centra en su activo más importante, que no es un tío rico o una madre que lo ama. Tampoco es su cónyuge o el país en el que vive. Es lo que descansa entre sus orejas. Usted fue creado maravillosamente para llegar a nuevas alturas y descubrir maravillosas fronteras. Usted, mi amigo, está destinado a la grandeza y fue diseñado para vivir una vida plena. No creo que esté en la tierra por casualidad o simplemente para sobrevivir. Mi más profunda convicción es que el propósito de su vida es vivir. Y si hay algo que quiero que este libro haga, es ayudarlo a vivir una vida excepcional.

Como hemos señalado, una de las maneras más eficaces de vivir la vida es permanecer en armonía con su hilo dorado. Así que ¿cómo puede cumplir con su hilo dorado y vivir su propósito si usted no tiene la energía emocional para hacerlo? Si no está motivado y no puede encontrar la energía para seguir adelante, ¿cómo va a romper el techo de cristal sobre su cabeza, la barrera de concreto en su camino o las rejas de los prejuicios que le impiden lograr sus sueños? Una de las razones por las que se sientan en el sofá y dejan que la vida les pase es porque carecen de la energía emocional para levantarse y moverse en la dirección correcta.

Si usted va a romper la barrera, primero tiene que elevar el nivel de energía emocional que alimenta su mente para ponerse en acción. Quizás esté pensando: ¿Qué tiene que ver esto con soluciones persuasivas? Tiene mucho que ver con eso. Sin energía, no se puede resolver los problemas, ser productivo o motivar a otros. Sin la energía emocional, usted no será capaz de levantarse del sofá. Por eso les digo a todos los que entreno que comiencen con un régimen de ejercicios. Obviamente, es necesario consultar a un médico antes de embarcarse en cualquier cosa que afecte su salud. Sin embargo, casi todos los doctores, internos, neurólogos, psiquiatras o psicólogos dirán que la clave para gozar de buena salud mental y emocional es el ejercicio. Se aumenta la resistencia, la longevidad, y la fuerza. Algunos piensan que se necesita energía emocional para poder ejercer. Esto es cierto, pero usted nunca se sentirá motivado a hacer ejercicio hasta comenzar a hacer ejercicio. Una vez que comience, viene la energía para hacer más ejercicio. Finalmente, hallará la energía necesaria para continuar haciendo ejercicio regularmente.

Lo mismo ocurre con lo que usted llena su cuerpo. Cuando come bien logra una tremenda diferencia en su fuerza emocional. Al principio, comer bien requiere energía emocional, pero después de un tiempo recibirá mucha más energía por los buenos hábitos alimenticios que la necesaria para mantener esos hábitos. No puedo enfatizar esto lo suficiente. Usted no puede llegar a su máximo potencial si tiene sobrepeso o si tiene niveles no controlados de azúcar, presión arterial o una falta de resistencia. Así que cuide su activo más importante: usted. Necesitará energía para romper cualquier barrera con la que se enfrenta o el techo de cristal que lo detiene.

2. Aprovechando su apalancamiento

Jennifer fue la primera en descubrir que la compañía que ella fundó junto con su esposo Juan había sido suspendida por el estado de California a causa de un solo documento que el contador no presentó con su declaración de impuestos.

—No pude dormir anoche, así que decidí ponerme al día con el papeleo, —dijo; fue entonces cuando me di cuenta de que, según el sitio web de la Secretaría del Estado de California, nuestra licencia de negocio había sido suspendida.

—¿¡Qué!? —Exclamó Juan con incredulidad—. ¿Cómo hicieron eso?

—No tengo idea, —respondió ella—, pero voy a llamar al abogado.

La pareja era dueña de un pequeño servicio que detallaba limpieza minuciosa de autos. Su mayor competidor era una corporación internacional que tenía sucursales en diez estados y en dos países. El problema surgió porque los nombres de sus empresas eran idénticos excepto por una palabra (internacional). Digamos, con denominaciones ficticias, que la empresa más grande se llama Power Detailing International y la más pequeña, Power Detailing Inc.

Jennifer llamó al abogado, y él dijo:

—¿Está sentada?

—¿Por qué?

—¿Recuerda el retraso en la presentación de su declaración de impuestos hace dos años y medio? Al parecer, el uso del nombre de su empresa fue suspendido temporalmente y después de un período de tiempo determinado otra entidad lo tomó.

—¡Espera un minuto! ¿Estás diciendo que ya no podemos usar nuestro nombre?

—Eso es correcto.

—¿Quién lo tomó?

—Según la página web de la Secretaría de Estado, fue Power Detailing International.

Juan tomó el teléfono y pidió al abogado:

—Dime, ¿qué nombres están disponibles, que sean similares al nuestro? Tal vez haya uno que nos pueda servir.

El abogado miró la página web del estado y dijo:

—Espera un minuto. Esto no puede ser.

—¿Qué es?

—A menos que esté viendo mal, Power Detailing International está suspendida.

—Dilo otra vez, —dijo Juan con un sentido de incredulidad.

—De acuerdo con el sitio web, Power Detailing International está disponible. Al parecer, la empresa no presentó sus declaraciones de impuestos a tiempo en California. En esencia, le pasó lo mismo que a ustedes. Voy a llamar a la secretaria de la oficina del estado para confirmar esto.

Haciendo una pausa por un momento, le hizo una pregunta final:

—Antes de llamar, ¿quieres guardar el nombre si está disponible?

Juan respondió con un «sí» inequívoco.

Veinte minutos más tarde, el abogado lo llamó con la noticia.

—Usted es ahora el orgulloso propietario del nombre corporativo Power Detailing International. Juan esperó una semana más antes de hacer una llamada a la compañía más grande.

La recepcionista respondió:

—*Power Detailing International*, ¿con quién desea hablar?

—¿Puedo hablar con el señor Smith?

—¿De parte de quién?

—Mi nombre es Juan Gonzalez. Soy dueño de Power Detailing International.

—¿Discúlpeme? ¿Dijo que es el propietario de esta empresa?

—No, yo no soy dueño de su empresa. Soy dueño de mi empresa cuyo nombre legal es Power Detailing International.

Un poco perpleja, la recepcionista respondió:

—Mmm..., por favor, espere en línea.

Diez segundos después, Juan estaba hablando con el Sr. Smith, presidente de la corporación.

—Habla el Sr. Smith. ¿En qué puedo ayudarlo?

—Tal vez yo pueda ayudarlo a usted. Quiero que me devuelva mi nombre corporativo.

—¿Qué quiere decir?

—Durante años, mi esposa y yo fuimos propietarios del nombre corporativo Power Detailing, Inc. Siempre presentamos nuestras declaraciones de impuestos a tiempo, pero un año el estado aparentemente no recibió nuestra documentación y suspendió el uso de nuestro nombre. Cuando nos dimos cuenta de lo que había pasado, ustedes lo habían tomado.

—Bueno, mi querido muchachito, eso es lo que sucede en el mundo de negocios, —respondió el Sr. Smith—. Además, es una pequeña empresa, y nosotros tenemos oficinas en todos los Estados Unidos y en otros países. No tengo tiempo para lidiar con su situación.

—Eso puede ser cierto, pero usted es una corporación internacional, y ahora soy yo quien controlo su nombre original. Acabo de registrar el nombre de la compañía Power Detailing International en el Estado de California, y ¿adivine qué? Soy su dueño.

El presidente respondió:

—¡Eso es imposible!

—Verifíquelo en la página web del Secretario del Estado, —dijo Juan—. Si llegara a hacer negocios internacionalmente, todo el mundo va a pensar que yo soy usted.

En el otro lado del teléfono, Juan podía escuchar el sonido de los dedos que tecleaban frenéticamente. Después de que el Sr. Smith susurró las palabras escritas en la pantalla de su computadora, hubo un largo suspiro.

—¿Puedo volver a llamarlo?

Juan lentamente y con confianza, dijo:

—Tome todo el tiempo que necesite.

El Sr. Smith llamó a su director financiero a su oficina.

—¿Hemos presentado nuestras declaraciones de impuestos de los últimos cinco años?

—Sí, pero la que hicimos hace dos años ha tenido algunas discrepancias, y para serle sincero, he puesto el asunto en un segundo plano de importancia para hacer frente a nuestra intención de refinanciar parte de la deuda corporativa.

—¿Estamos en buena condición con el estado o no?

—Creo que sí, pero déjame ver —respondió el director mientras sacaba su computadora portátil, y se fijaba en la correspondencia entre la empresa y el gobierno. Bueno, parece que el estado está amenazando con suspender el uso de nuestro nombre. Su última carta, hace seis meses, decía que si no respondíamos dentro de los treinta días siguientes, quedaría anulado. Pero ellos siempre dicen eso, yo no me preocuparía.

El Sr. Smith crujió los dientes y cerró los ojos. Después de un momento de silencio, a regañadientes admitió:

—¡Hemos perdido nuestro nombre! Otra compañía ya ha intervenido, porque «lo pusimos en un segundo plano de importancia». Por favor, vete. Tengo que hacer una llamada telefónica.

El Sr. Smith llamó a Juan y humildemente le preguntó:

—¿Qué quiere?

—Ya se lo dije. Quiero que nos devuelva nuestro nombre. Si no me lo da, voy a seguir con Power Detailing International hasta que me muera. Después, se lo daré a mis hijos y nietos. Todo el mundo va a seguir pensando que su empresa es realmente mía.

Un derrotado Sr. Smith dijo sombríamente:

—Bien. Le diré a mi abogado que llame al suyo para que arreglen el intercambio.

A la semana siguiente, a la empresa de Juan se le había restaurado su nombre original.

Esta ilustración está basada en una historia real. He cambiado muchos de los aspectos con el fin de mantener la privacidad de las organizaciones y de los individuos involucrados. Al final, Juan recuperó lo que necesitaba, y el Sr. Smith aprendió una valiosa lección.

Juan descubrió sus puntos de apalancamiento en las gestiones. Se enteró de que si quiere algo, debe tener la facultad de negociar algo. Debe tener poder sobre algo que la otra entidad quiere. Debe tener el apalancamiento.

David, el muchacho israelita, reconoció la ventaja que tenía como un francotirador de piedras para derribar a Goliat, un gigante de tres metros. Rosa Parks reconoció su ventaja como pasajera de autobús para hacer frente a la discriminación racial, en 1955. Las fuerzas aliadas utilizaron su ventaja como ejército unificado para erradicar la propagación de la tiranía de Hitler. Mahatma Gandhi usó la ventaja de ser un líder moral en oposición a la dominación británica en la India mediante la aplicación de una política de resistencia no violenta.

El apalancamiento es simplemente el punto desde el cual se empuja lo que se resiste hasta que ceda. Así que póngase de pie sobre una base sólida que usted pueda dominar. Las personas que rompen barreras y techos de cristal saben dónde colocar sus pies y sus manos para empujar lo que los detiene, saben dónde está su punto de apalancamiento.

Quiero enfatizar que no se trata solamente de la cantidad de influencia que tiene, sino de lo que hace con lo que tiene. David no usó una espada, un arco, o un ejército privado para matar a Goliat, sino una piedra lisa y una honda. Rosa Parks no abofeteó al conductor del autobús ni empujó a nadie; simplemente se sentó allí. Los que descubren soluciones persuasivas saben cómo utilizar lo que está a su disposición. Y si no tienen lo que necesitan, encuentran la manera más eficaz de conseguirlo.

Después de terminar de leer este capítulo, haga una lista de las áreas donde usted tiene ventajas o apalancamiento. Identifique sus puntos fuertes. ¿Qué sabe usted? ¿Es bilingüe o tiene una educación formal? ¿Aprende rápido? ¿Qué puede hacer? ¿Tiene una fuerte ética de trabajo? ¿A quién conoce? ¿Tiene una lista de contactos con recursos dispuestos a ayudarlo en una situación estratégica? En todo caso, sepa lo que domina.

3. Convirtiéndose en un negociador de primera clase

Pensé que sabía cómo vender. Pensé que sabía cómo comprar. Pensé que sabía cómo negociar… hasta que fui a Estambul. Mi esposa y yo entramos en el Gran Bazar, ubicado en el corazón de la ciudad, que sirve como puerta entre los continentes de Europa y Asia. El bazar es uno de los mercados bajo techo más grandes del mundo. Imagínese cientos y cientos de pequeñas tiendas de venta de todos los artículos de ropa conocida, de todos los diseñadores conocidos (algunos, auténticos; otros, imitaciones). Había valijas, hermosas cerámicas, joyas exquisitas, alfombras turcas, especias exóticas, y casi cualquier otra cosa imaginable para comprar.

Mientras mi esposa estaba ocupada en otra tienda buscando recuerdos para nuestras hijas; me detuve en medio del pasillo, tratando de guardar en mi flaca billetera el poco dinero en efectivo que tenía. Un hombre joven, con un cigarrillo colgando de la comisura derecha de su boca, se me acercó. Asintió con la cabeza y dijo en su notable acento turco: —Y tú, ¿de dónde eres?

—De unos siete mil kilómetros de aquí, —respondí.

—¡Oh!, ¿de la Florida?

—No.

—¿De qué estado eres?, —insistió—. ¿Nueva York? ¿Colorado? ¿Washington?

Cansado de la conversación, finalmente confesé la información.

—Soy de California.

—¿California? ¡Qué hermoso estado!

Sabiendo que sería mejor no alentarlo, simplemente asentí.

—Señor, si vives en un estado tan hermoso, deja que te enseñe algo que se vería fabuloso en tu casa californiana. Tengo las mejores alfombras turcas en el bazar.

—No, gracias —le dije—. Realmente no estoy interesado.

—¿No quieres conseguir algo hermoso para demostrarle a tu mujer lo mucho que la amas?

¡Qué pregunta! Si digo que no, sueno como un marido desconsiderado. Si digo que sí pierdo una gran cantidad de dinero. Así que dije:

—De la lista de cosas que no compraría, una alfombra sería

la número uno. No tengo ningún deseo de comprar una. No tengo forma de llevármela a casa. No quiero gastar el dinero y, lo más importante, tengo dos mascotas que comerán esa alfombra en cuestión de minutos a partir de su llegada. Después de disparar cuatro objeciones bastante impresionantes, el hombre levantó las cejas y dijo con un fuerte acento turco: «Buena suerte, señore».

«¡Ja!», me dije a mí mismo. Finalmente aprendí cómo sacármelos a estos vendedores de encima. Al menos, eso creía yo. Un joven que vendía bufandas escuchó toda la conversación y tomó nota de todo lo que compartí con el primer vendedor.

Mi esposa siguió mirando algunas baratijas en la tienda a mi izquierda. Y mi anterior victoria me otorgó unos segundos de tiempo a solas.

—Así que usted es casado, ¿eh?, —preguntó el vendedor de bufandas.

«Bueno, no puedo ser grosero —pensé—. Probablemente debería reconocer su pregunta».

—Sí, es correcto.

—La gente en California tienen un gran gusto y un gran estilo, —dijo—. ¿Cree que su esposa estaría interesada en una de mis bufandas de primera calidad?

—Realmente no lo creo, pero gracias.

—Hace frío afuera, y su esposa apreciaría algo para proteger su cuello delicado.

Tenía una bufanda, pero no la llevaba puesta en el momento. Pero entonces, me acordé de que yo necesitaba una, ya que mis oídos casi se congelan antes de entrar en el bazar. Sin embargo, no tenía ninguna intención de comprar allí. Además, todo lo que estaba en exhibición en la tienda del hombre era para mujeres. Pensé que iba a usar eso como una excusa para no comprarle.

—No creo que esté interesada. Además, no tienen bufandas de hombres, ¿verdad?

—¿Si tengo bufandas de hombres? —preguntó.

El joven se rió, extendió la mano, y dijo:

—Mi nombre es Murat, y vendo las mejores bufandas de hombres en Turquía.

—¡Caracoles! —susurré.

—Por favor, entra en mi tienda, y yo te mostraré las bufandas que le gustarán a tu esposa.

«Se supone que yo debería ser al que complazcan en este escenario —pensé. ¿Por qué todo el mundo está tratando de complacer a mi esposa?». En el fondo, sabía que si Cindee pensara que el pañuelo se veía bien, yo sería mucho más propenso a comprar uno.

El vendedor metió la mano en un pequeño espacio cuadrado, situado en la pared, y sacó un pañuelo negro hecho de un material muy suave y fino. Lo puso alrededor de mi cuello y dijo con total confianza:

—¡Ahora se ve muy bien colocado en ti!

Tratando de sonar desinteresado, le respondí:

—No sé. Supongo que está bien. ¿Cuánto cuesta?

—Trescientos dólares.

—¡¿Trescientos dólares?! —me quedé boquiabierto—. ¿De qué está hecho?

—Del mejor cachemir del país, —respondió con seguridad.

—Bueno, pero ¿tiene algo de algodón?

—Por supuesto que sí, —dijo, metiendo la mano en otro cubículo, y comenzó a envolver mi cuello con un pañuelo de color gris.

—Vamos a probar este.

Lo ató con un nudo especial y dio un paso atrás.

—Es perfecto.

En ese momento, entró mi esposa a la pequeña tienda y exclamó:

—¡Oh, es una hermosa bufanda! Debes comprarla.

Antes de que pudiera preguntar, Murat, que supo cómo resultaría esta negociación dijo: —Cuesta veinticinco dólares. Di un suspiro de alivio y le ofrecí veinte dólares. Se detuvo un momento y expresó:

—Normalmente, yo no haría descuento en esta pieza tan fina, pero por ti, voy a hacer una excepción.

Murat entendió algo muy importante, estábamos en el bazar porque íbamos de compras. Eso significa que teníamos dinero para gastar. También sabía que si mi esposa había pensado que me veía bien con una bufanda, era mucho más probable que yo la comprara. Notó que quería comprar una ganga, mantenerme abrigado, y verme decente. Pero más que nada, quería obtener un beneficio. Después de todo, él tenía un negocio que mantener y una familia que alimentar. Al salir del bazar con Cindee y varias bolsas de chucherías y ropa en las manos, me di cuenta de que había otra tienda que vendía bufandas. Tenía una exactamente igual que la que había comprado diez minutos antes. ¿Cuánto costaba? Quince dólares.

Esta es una historia acerca de una negociación de veinte dólares, pero el proceso de una gran negociación es el mismo si usted está tratando con veinte dólares o con doscientos millones. Es importante que dé antes de tomar. Usted debe escuchar para comprender y articular con el fin de ser entendido. Ya sea que esté trabajando en los detalles de un contrato, la compra de su próxima casa, su horario de trabajo, un ascenso o aumento de sueldo, los siguientes pasos le ayudarán a ser un gran negociador.

En primer lugar, entienda lo que la otra persona realmente

quiere. A veces, un sentimiento de frustración provoca emociones que nublan nuestra capacidad de discernir con claridad cuáles son los problemas fundamentales. Cuando un país entra en tratos con otro, por ejemplo, sabe dónde está su influencia (apalancamiento), lo que tanto uno como el otro desean. Si realmente quiere que tengan éxito, evitará las preguntas que descarrilen el proceso. Los negociadores expertos dan la sensación de que quieren lo mejor para todas las partes involucradas.

Al comienzo de la gestión, haga las preguntas correctas para que todos aquellos con los que está tratando sientan que usted realmente quiere ayudar. ¿Por qué esto es tan importante? Porque cuando usted puede ayudar a otros a adquirir lo que realmente desean, se convierte en asesor, en lugar de adversario. Cuando ellos sienten que usted está realmente interesado en ayudarlos a conseguir lo que quieren, estarán más predispuestos a aceptar lo que usted propone.

En segundo lugar, entienda lo que es sagrado para los demás. El tendero Murat comprendió que la opinión de mi esposa era importante aunque yo no lo admitiera. Entendió que yo no quería gastar demasiado dinero, que la gente guarda lo que es importante, y que si se siente amenazada tomará medidas extremas para protegerlo. Para algunos se trata de dinero, para otros, de poder. Podría ser una posesión física, un principio, un nombre o el hecho de evitar ser humillado.

Además, todos tenemos botones que cuando se aprietan causan reacciones que no son favorables para el mejor resultado. Así que manténgase alejado de los factores que son perjudiciales para el proceso de negociación. Si no vale el riesgo, entonces ¿por qué mencionarlo?, ¿por qué arriesgar descarrilar su misión? A veces, mantener la boca cerrada con respecto a un tema es lo más sabio que podemos hacer.

En tercer lugar, aprenda a analizar las inquietudes y motivaciones de los demás. El problema número uno para los vendedores, empresarios y para cualquier persona involucrada en un acuerdo es aprender a escuchar. De hecho, yo diría que la mayoría son oyentes que escuchan a medias. La gente le dirá todo lo que necesita saber si usted se mantiene en silencio el tiempo suficiente para escuchar lo que dicen o para recoger las sutilezas que dejan. Mire su lenguaje corporal. Mírelos en los ojos. Escuche sus declaraciones improvisadas. Sin más, sea directo y realícele las siguientes dos preguntas: «¿Qué es lo único que usted quiere? y ¿estaría interesado en saber qué puede ayudar a conseguirlo?» Cuando le dan la respuesta, la negociación comienza con esta pregunta de seguimiento: «Si puedo darle A, ¿estaría usted dispuesto a ofrecerme B a cambio?».

En cuarto lugar, sea sabio y estratégico en el proceso de negociar. No revele al principio todo lo que tiene en su arsenal. Sólo divulgue lo que tiene a su disposición cuando es necesario, y ofrezca lo que puede sacrificar. Cuando presenta algo, asegúrese de que es un gesto satisfactorio. No hay nada peor que ofrecer algo que a nadie le importa. De lo contrario, correrá el riesgo de parecer ajeno a las necesidades y a los deseos de la otra persona.

4. ¿Qué hacer cuando le dicen «no»?

Hace unos años, mi editor me instó a encontrar varios endosos importantes para un nuevo libro que había escrito *Rompiendo las barreras*. Como habrá deducido, Zig Ziglar es uno de mis héroes de ventas, motivación y persuasión. Yo sabía que el Sr. Ziglar estaba siempre muy ocupado, pero también, que su recomendación le daría a mi libro la credibilidad que ameritaba. Fui a su sitio web y le pedí al web master que le enviara mi petición al Sr. Ziglar para que considerara escribir unas palabras acerca de mi libro.

A la mañana siguiente, la asistente ejecutiva del Sr. Ziglar, Laurie Magers, respondió el correo electrónico. Creo que fue el mensaje más amable y respetuoso que había recibido que en palabras diplomáticas decía: «Respetuosamente declinamos su petición». El mensaje comenzó con: «Buenos días, Jason». Luego ella me explicó que la junta directiva del Sr. Ziglar había ordenado que él leyera todos los manuscritos antes de emitir una recomendación y que, debido a su edad (82), ya no ofrecería comentarios de respaldo, simplemente porque estaba comprometido a terminar varios libros nuevos.

Laurie había sido la asistente de Zig Ziglar durante treinta y un años, y ahora él estaba luchando con algunos problemas de salud que le impedían realizar muchas de las agradables y beneficiosas actividades de los últimos años. Terminó su correo electrónico con esta declaración: «El Sr. Ziglar se siente honrado por su invitación a comentar su nueva obra, Jason, y le damos gracias por extenderle esta oportunidad». No sólo me impresionó el hecho de que haya respondido, sino también su bondad, integridad y actitud cortés.

Dado que ella emitió tres razones por las cuales el Sr. Ziglar no estaría en condiciones de darme una recomendación, probablemente yo debería haber tirado la toalla y haberme rendido. Pero algo dentro de mí consideró que Zig Ziglar, mi entrenador de ventas, estaría decepcionado si me diera por vencido. Así que al día siguiente, volví a escribir a Laurie expresando mi profunda gratitud por su respuesta. Le dije que estaba impresionado por su espíritu amable y profesional. «Zig es muy afortunado de haberte tenido durante treinta y un años», le dije. Luego añadí: «Habiendo dicho eso, sabes que Zig se sentiría muy decepcionado conmigo si no tomara la objeción como una maravillosa oportunidad para aclarar mi comprensión de sus necesidades. Así que quiero que sepas que tengo una buena noticia y un regalo».

Le aclaré que yo no necesitaba sus palabras de respaldo en un corto plazo. Podría tomar hasta siete meses si era necesario. Entonces les ofrecí un regalo adjunto sin compromiso alguno, algo que yo creía que sería de gran valor para ellos.

Escribí: «Los mensajes de inspiración de Zig han tenido un impacto tan profundo en mí que estaría encantado de grabar un testimonio para que puedan utilizarlo para cualquier propósito que estimen oportuno. En realidad, independientemente de si se considera el endoso o no, le ofrezco lo siguiente como un regalo: Tengo un programa diario en la red Radio Nueva Vida, la mayor cadena sin fines de lucro hispana en los Estados Unidos, con medio millón de oyentes. Estaría encantado de usar mis dones para ayudarlo en todo lo que pueda».

Al día siguiente, Laurie me respondió: «Es probable que no se asombre al saber que no fue una sorpresa para mí que usted volviera a insistir con un "Plan B". Ha sido nuestra política de siempre nunca decir "nunca" así que, en ese contexto se puede sentir libre de enviar su manuscrito. La única cosa que no puedo prometer o garantizar es que el Sr. Ziglar pueda leerlo u ofrecer el endoso solicitado». Entonces ella puso la dirección y terminó el correo electrónico con esta declaración: «PD: Estaríamos agradecidos de que nos mandara su testimonio. Incluya, además, el permiso para usarlo en cualquier medio de comunicación, por favor. Puedo asegurarle que será personalmente significativo para el Sr. Ziglar».

Inmediatamente le respondí con un «sí» rotundo. Aun si el Sr. Ziglar no hubiera accedido a mi solicitud, el hecho de que él considerara significativas mis palabras, es uno de los mayores cumplidos que pude haber recibido. Tres meses más tarde, Zig Ziglar me envió este endoso para mi libro:

> «Jason Frenn ofrece un plan claro, fácil de seguir e implementar para traspasar las barreras que podrían estar impidiéndote la libertad y el éxito que deseas. Recurre a su propia historia y a la de otros en un estilo amistoso y coloquial que con seguridad animará e inspirará a los lectores».
>
> —Zig Ziglar, autor y orador motivacional

De todos los endosos que he recibido en los últimos años, el del Sr. Ziglar es uno de los más importantes para mí. Dieciocho meses más tarde, me convertí en un orador corporativo y afiliado para la Corporation Ziglar.[2]

Déjeme hacerle una pregunta: ¿Qué hace cuando le dicen «no»? Hay una línea muy fina entre ser persistente y ser grosero. Independientemente de lo que hace en la negociación, romper las barreras, superar las objeciones o tratar con una circunstancia que parece imposible, nunca queme el puente. Nunca se sabe cuándo se modificarán las circunstancias o la gente cambiará de opinión. Algo que he aprendido de Ziglar es que la gente, en una negociación, rara vez admite hacerlo. Como él mismo dice: «En su lugar, toman una decisión basada en un nuevo informe». Que alguien admita que cambió de idea es como admitir que estaba equivocado. La mayoría de la gente rehúsa confesarlo. Sin embargo, se decidirán a partir de la base de nuevos conocimientos.

Otro gesto importante para romper las barreras es una oferta sin obligaciones. Trato de encontrar algo que la gente desea o necesita, y si está a mi alcance conseguírselo, con mucho gusto, se lo ofrezco. ¿Por qué? Cuando le damos a alguien lo que quiere, se acumulan créditos en la cuenta bancaria que tenemos con ellos. Cuantos más créditos tengamos en nuestra cuenta, más fácil será hacer un retiro de fondos. Muchas veces le pedimos un favor a alguien (un retiro de fondos) y no tenemos nada en nuestra cuenta con él, que, en realidad, no dirá: «Lo siento, no hay fondos suficientes en su cuenta», pero eso es exactamente lo que quiere decir al negarse a nuestra petición. Asegúrese de tener suficientes fondos en la cuenta de la que desea hacer un retiro.

Permítame añadir que si nada más funciona, al menos, consiga un compromiso para volver a tratar el tema en un futuro. La gente cambia de posiciones. Tiene cambios de paradigma. Descubre nueva información. Las tendencias sociales influyen poderosamente en ella. El debate de la ética social cambia la estructura de la sociedad en formas que nunca se puede imaginar. Piense en ello. Hace cien años las mujeres no tenían el derecho legal de votar. Los afroamericanos se vieron obligados a utilizar diferentes fuentes para beber y a sentarse en diferentes asientos que los anglos. Las personas confinadas a sillas de ruedas tenían un acceso limitado a los edificios públicos. Prácticamente no había mujeres presidentas, juezas o políticas. Hace cincuenta años, lo mismo podría decirse de la mayoría de las minorías. Si la sociedad puede cambiar tan drásticamente en medio siglo, imagine lo que puede suceder en los próximos cincuenta años. Y usted, amigo mío, es la persona indicada para ayudar a romper el techo de cristal. Usted es un candidato perfecto para abrir el camino a los demás, así que sea el líder, sea el persuasor. Conviértase en lo que está destinado a ser y no deje que nadie lo detenga o que le diga que no se puede hacer.

Pasos prácticos para romper su techo de cristal

Al terminar este capítulo, quiero dejarle tres conceptos simples pero poderosos para ayudarlo a pasar al siguiente nivel y a que alcance su potencial más alto. En primer lugar, consulte a su médico y comience un régimen de ejercicio regular. No tiene que inscribirse en un gimnasio. Hay maneras de bajo costo pero creativas para mantener su cuerpo en forma. Los terapeutas familiares, cardiólogos, médicos, psiquiatras y psicólogos coinciden en que las personas que hacen ejercicio regularmente tienden a ser más saludables que aquellos que no lo hacen. Si usted quiere convertirse en todo lo que está destinado a ser, debe dejar de tratar a su cuerpo como un basurero; en cambio cuídelo como una inversión de mil millones de dólares. Comer menos le permite bajar de peso, y el ejercicio aumenta la resistencia y tonifica su cuerpo. Así que lo animo a hacer las dos cosas.

En segundo lugar, sea sabio en su forma de romper las barreras. Lea el libro de Proverbios en la Biblia. Pase tiempo con aquellos que han roto barreras similares a las suyas y aprenda de ellos. Lea la historia de cómo Roger Bannister rompió la barrera de cuatro minutos al correr una milla o cómo logramos poner a un ser humano en la Luna. Estudie a los que han superado grandes obstáculos para alcanzar su máximo potencial. No trate de ser muy inteligente. Esfuércese por ser increíblemente sabio.

Por último, revise sus motivos para asegurarse de querer romper las barreras por la razón correcta. Si su corazón está en conflicto porque está ocultando un motivo ulterior, usted no será capaz de servir óptimamente en todos los niveles (moral, emocional, físico, mental o profesional). Si su corazón está en el lugar correcto, su conciencia le ayudará a tomar las decisiones correctas y le dará la fuerza para ponerlas en práctica.

Mi esposa y yo tenemos tres hijas. A ellas les digo que no hay techos de cristal, hay caminos más difíciles que otros, pero en general, no hay imposibles. Les aconsejo que trabajen más duro que los demás, porque eso es lo mejor para ellas. Me niego a permitir que piensen que son víctimas de un sistema parcial. En su lugar, les propongo que rompan los moldes, que superen las barreras y destruyan cualquier techo que les impida elevarse. Ahora les digo que este es el mejor momento de la historia para vivir.

Cualquiera puede conquistar a un gigante. Cualquiera puede superar un obstáculo. Cualquier persona puede romper un techo de cristal. Cualquiera puede romper sus barreras. Simplemente descubra sus puntos de ventaja y tome el coraje para utilizarlos en su beneficio.

En este capítulo hemos tratado de cómo seguir adelante cuando usted se siente atrapado. Habla de descubrir su mayor activo, su forma de pensar. Se trata de la capitalización de su ventaja (apalancamiento), del control que usted tiene sobre algo que otros quieren. Por último, tiene un objetivo: darle esperanza cuando todo lo que usted escucha es la palabra «no». Con estas enseñanzas en su caja de herramientas, puede centrarse en las cinco objeciones, obstáculos y rechazos más comunes para cada transacción, expresados en el capítulo 6.

Preguntas para la discusión o reflexión personal:

1. ¿Qué es lo que le impide cambiar su mundo con su producto o idea? ¿Qué detiene su crecimiento como líder de su organización o le dificulta impactar a millones de personas, o, simplemente elevar a su familia a un nuevo nivel de vida?

2. ¿Cuál es su mayor activo? ¿Cuáles son algunas de las cosas que hay que cambiar para poder cuidar mejor de él? ¿Por qué es tan importante?

3. ¿Dónde está su mayor ventaja? ¿Cómo puede utilizarla mejor para alcanzar su máximo potencial?

4. ¿Cómo analiza las necesidades de las personas con las que está negociando? ¿Cuál es el proceso a través del cual se descubre lo que es sagrado o importante para ellas? ¿Le resulta difícil descubrir qué los motiva?

5. ¿Por qué una oferta que no espera nada a cambio es importante en el establecimiento de la confianza? ¿Qué hace usted cuando su jefe o cliente simplemente dice «no»? ¿Por qué es imprescindible que usted no queme puentes?

6. ¿Qué es lo más importante que aprendió en este capítulo?

PODER PARA PERSUADIR

Capítulo 6

VENCIENDO OBSTÁCULOS, OBJECIONES Y RECHAZOS

Los vendedores exitosos, empresarios, educadores y líderes son coherentes y eficaces en romper sus barreras. Ellos saben el arte de tratar con las objeciones y los obstáculos. Todas las cualidades de un gran liderazgo y de la comunicación que hemos discutido en las dos primeras secciones de este libro son imprescindibles, pero no suficientes. Si no aprendemos a superar las barreras que enfrentamos, nunca desarrollaremos plenamente el poder de persuadir y llevar a la gente a tomar decisiones transformadoras.

Considere la vendedora profesional. Ella debe superar convincentemente objeciones con el fin de vender de manera efectiva. El empresario debe convencer a los inversores de que él tiene un plan claro para superar los desafíos y reveses potenciales. Incluso los profesores, gerentes de bancos, asesores y contratistas deben aprender a superar los rechazos y refutaciones. Independientemente de la profesión, una gran mayoría de nosotros enfrenta algún tipo de barrera, y si vamos a llegar a nuestro máximo potencial no podemos meter la cabeza en un hoyo. No podemos correr el riesgo pensando que todo se resuelva automáticamente. Debemos enfrentar lo que impide elevarnos y hacer que la objeción sirva a nuestro favor. ¿Cómo? Ese es el tema central de este capítulo.

Si usted está aprendiendo las habilidades del liderazgo y de la comunicación que discutimos en las primeras secciones de este libro, inevitablemente, está a la puerta de oportunidades increíbles. Usted, mi amigo, está acercándose a un nivel de efectividad que pocas personas logran. Así que siga adelante, porque lo que descubrirá en las páginas siguientes tendrá un efecto positivo en su vida profesional y personal. En este capítulo, vamos a estudiar las cinco objeciones más prominentes y cómo convertirlas en la razón por la que la gente ha de seguirlo hacia las decisiones transformadoras. La primera de ellas es falta de *necesidad*.

1. No tengo necesidad

«¿Por qué voy a comprar eso?, —le dije—. No veo ninguna necesidad de comprar un "sostén" para mi auto».

«Una "cubierta de parrilla" que protege la parte frontal de su vehículo de insectos grandes, de los peligros del camino y de la gravilla que levantan los autos por delante», dijo el vendedor.

No importa cuánto me sugirió que era una buena idea comprar el accesorio, seguí diciendo: «No veo la necesidad de comprarlo».

Estaba en el concesionario comprando mi primer auto, un Honda CRX, emocionado, aunque un poco nervioso por la adquisición. Pero estaba especialmente consciente de no permitir que nadie me vendiera algo que no necesitaba (una garantía extendida, alfombras de piso de lujo, una línea autoadhesiva de color para los costados de mi auto, y, en este caso, un «sostén» para la parrilla de mi radiador).

En la introducción de este libro dije que en cada intento de transacción hay un vendedor y un comprador. O el primero convence al segundo de que debe comprar, o este persuade al vendedor de que no debería hacerlo. Cuando salí de la agencia con mi auto nuevo, definitivamente había convencido al vendedor de que no iba a comprar el protector de cuero para el *capot* de mi auto. Yo ya había gastado más dinero de lo que podía. «No hay necesidad de gastar más», pensé.

Dos días después, estaba conduciendo por una carretera lisa, a las nueve de la noche en mi nuevo vehículo deportivo. La calle tenía tres carriles en cada dirección y estaba en una parte agradable de la ciudad sin tráfico alguno. Subí a una pequeña cuesta aproximadamente a ochenta kilómetros por hora. Cuando pasé por la cumbre de la colina, de repente el auto cayó a unos quince centímetros. El asfalto terminó y entré en una zona de construcción. No había señales de advertencia. Cuando finalmente me di cuenta de lo que había sucedido, estaba conduciendo en tierra mezclada con gravilla. De pronto vi un tubo de plástico rojo que se colocó en posición vertical unos setenta y cinco metros por delante, y yo no tenía manera de virar bruscamente para evitarlo sin perder el control del auto. El cono de tráfico rojo fosforescente, de un metro de altura, con reflectores clavados en la parte superior, casi se parte en dos cuando me golpeó de frente. La base de espuma de cincuenta centímetros y la mitad inferior del tubo se dobló debajo del parachoques, mientras que la mitad superior se estrelló contra el *capot*, dejando una raya desagradable y tres abolladuras sutiles donde las cabezas de los remaches se adjuntaban al material reflector.

Cuando me detuve en la banquina y miré el daño, no lo podía creer. No había señal alguna de advertencia. No había ninguna luz. Nada. Mi primer pensamiento fue «pediré que la intendencia de la ciudad me arregle el auto». Sin embargo, el gasto que sería de unos $250, no era suficiente como para entablar una demanda contra la intendencia de la ciudad y además tomar el día para presentarla y así perder el salario de un día, más la dificultad de probar que no habían puesto una señal de advertencia, me impidió hacerlo. Lo segundo que me pasó por la mente fue: «Debe de haber un complot para vender "sostenes de autos"».

Después de un par de días, llevé mi vehículo al taller de carrocería y luego volví al concesionario y compré el protector. Por supuesto, no mencioné nada de lo ocurrido al representante de ventas. Después de todo, todavía tenía una pizca de orgullo, aunque en ese momento ya era muy poco.

Hay una razón por la que las personas compran pólizas de seguros. Hay una razón por la que toman precauciones. Y sí, hay una razón por la que compran cubreparrillas para su auto. Lo que pensé que nunca sería una necesidad legítima de repente se convirtió en una. Esto sucede todo el tiempo. Pregunte a cualquier coordinador de bodas, mecánico, agente de seguros, ministro, médico o abogado. Muchas veces las personas no pueden ver la necesidad de algo hasta que se enfrentan a una realidad diferente.

Si quiere ser un poderoso persuasor debe aprender a superar las objeciones. Para ello, ayude a las personas a descubrir una realidad diferente. Ayúdelos a ver la necesidad de algo, incluso cuando no es obvio. Esto es especialmente cierto si usted es un representante de ventas, predicador, maestro, contratista o entrenador. Aquí hay algunas maneras de ayudar a la gente a ver la necesidad.

En primer lugar, comparta historias de aquellos que no se prepararon para lo inevitable o no veían la necesidad. Cuando alguien dice: «¿Por qué debo creerlo?» o «¿Por qué debo comprar eso?», o «No veo ninguna razón para comprarlo», usted puede responder con un testimonio de alguien que experimentó una pérdida como resultado de no haber comprado su idea. Mejor aún, comparta un ejemplo de alguien que siguió su sugerencia y experimentó un gran avance como resultado.

En segundo lugar, ayude a descubrir las necesidades. Muchas veces, las personas no son conscientes de las suyas. ¿Por qué? Es que no pueden ver el futuro. No pueden ver las consecuencias de sus acciones o de las de otros. No pueden discernir el potencial en sus vidas o las posibilidades que los esperan. Una forma de ayudarlos a ver estas cosas es preguntar: «¿Qué pasa si...?». Por ejemplo, «¿qué pasaría si usted _____ (llene el espacio con lo que quieren lograr), _____ (llene el espacio con el elemento o idea que usted está presentando) lo ayudaría?», o «¿Qué le pasaría a la vida si _____ (llene el espacio)?». Ayúdelos a ver las posibilidades de poner en acción o los peligros de no actuar. Ayúdelos a imaginar la tranquilidad que experimentarán cuando avancen con su idea, producto o solución. Ayúdelos a ver la necesidad de algo por la imagen de una realidad diferente.

2. No tengo dinero

—Joven, mi esposa ha sido internada varias veces en el hospital y no ha trabajado en dieciocho meses. Mis hijos asistirán a la universidad dentro de dos años. Nuestros pagos de la hipoteca de la casa son son más elevados de lo que podemos pagar. Mi negocio ha sido significativamente afectado, y para peor, los dos vehículos que tenemos son viejos y se descomponen a cada rato.

Jaime, un hombre de mediana edad, disentía con un movimiento negativo de la cabeza y luego miró con severidad a Tomás el agente de seguros y continuó:

—¿Por qué piensas que puedo pagar una póliza tan cara?

—La cobertura es muy amplia, asequible, y...

—¡No puedo permitirlo! —interrumpió Jaime antes de que

el joven agente terminara la frase—. ¿Cien dólares al mes para el seguro de vida? ¿Estás loco?

El hombre de cuarenta y tres años estaba resuelto. El agente no dijo ni una palabra. Abrió la carpeta, sacó el contrato, puso su lapicera en la parte central de la primera página y la deslizó a mitad de distancia entre los dos. Levantó la vista y dijo:

—¿Le gustaría una póliza de medio millón de dólares o la de un millón?

—¿No has oído nada de lo que dije? ¿No escuchaste nada?

—Sí, señor. Escuché todo lo que dijo, y eso es lo que me preocupa. No creo que se haya escuchado a usted mismo.

—¿Qué quieres decir?

—Su esposa está discapacitada. Usted tiene dos adolescentes que quieren asistir a la universidad. Su negocio ha sido fuertemente golpeado en la recesión. Está hasta el cuello con los pagos de la hipoteca, y sus vehículos están constantemente en el taller. ¿Eso es correcto?

—Sí.

—Tomando en cuenta todo lo que enfrenta, si algo más sucede, usted y su familia lo perderán todo. Un accidente, un incendio o lesiones personales pueden ser difíciles para quien sea. Sin embargo, si algo le sucede a usted, su familia nunca se recuperará. No habrá estudios universitarios para sus hijos, ni casa para su esposa, y, en cambio, un futuro plagado de quiebra y facturas mensuales. El futuro, como usted lo ve, será alterado por décadas. Estoy tratando de ayudar a prevenirlo.

Tomás no parpadeó. Se fijó en Jaime con una profunda preocupación. Después de varios segundos, Jaime finalmente bajó la mirada, apretó los labios, y tranquilamente dijo:

—¿Cuánto son los pagos mensuales para una póliza de un millón de dólares?

El agente vio la objeción de Jaime como la razón principal por la que debería comprar la póliza. Con una calamidad más, un accidente o incluso una muerte, la familia habría sido elevada a un nivel de trauma financiero irrecuperable. Los persuasores potentes ven más allá de las cortinas de humo, la solución más eficaz. Se unen con aquellos que están atrapados en la vida y los ayudan a liberarse, a ver el remedio cuando las respuestas parecen imposibles de encontrar. Los persuasores poderosos deben identificarse, racionalizar y componer estrategias si van a superar las objeciones financieras. Cuando se enfrentan a una de ellas, primeramente identifíquese con aquellos a quienes desea servir. Entienda su frustración, su dolor o su malestar. Capture su esperanza, sus aspiraciones y sus sueños. Incorporar la sensación que tiene de no estar donde quiere estar lo ayudará a guiarlo hacia las decisiones transformadoras. Ayúdelo a entender las luchas emocionales que enfrentan. La comprensión de sus esperanzas o de sus frustraciones lo preparará para ser una persona que resuelve problemas.

Es importante, sin embargo, que usted no simplemente se identifique. Ahí es donde muchos profesionales comenten un error garrafal. Si deja que la frustración de su cliente lo abrume, entonces usted también se cegará ante posibles soluciones. Así que sea racional. Piense con claridad cuando se una con él en medio de sus desafíos, frustraciones o sueños no cumplidos. La gente tiene que sentir que usted tiene respuestas sólidas y que ve una solución suficientemente buena como para ayudarla cuando tiene dudas acerca de su futuro.

Por último, aprenda a crear estrategias, a resolver problemas y a navegar a través de la turbulencia para poder proporcionar la mejor solución para todos. No brinde una solución si no está completamente seguro de ella. Si usted ve que no funciona igual que la de su competidor, entonces sugiera que investiguen otras opciones. La gente recuerda cuando ponemos sus necesidades antes que las nuestras. Cuando usted demuestra una estrategia honesta, construye la seguridad del empleo para su futuro. De todos los obstáculos y objeciones que existen, «no tengo dinero» es el más común. Sin embargo, he descubierto que la gente se hace tiempo para hacer lo que quiere hacer. Logra encontrar una manera de ir a donde quiere ir. Con pocas excepciones, encuentra el dinero para comprar lo que realmente quiere. La pregunta es ¿cuán desesperadamente lo quieren? Ayude a las personas a querer, y van a encontrar el dinero para comprarlo. Henry Ford lo hizo con un auto. General Electric lo hizo con el refrigerador. Apple lo hizo con el iPhone. Desde el principio, estos elementos no eran baratos, pero las personas adquirieron el dinero para comprarlos. Hoy en día, las personas siguen comprando lo que parece fuera de su alcance. ¿Por qué? Porque lo quieren.

3. No tengo prisa

Cuando la gente tiene una necesidad urgente, la persuasión es fácil. Cuando no la tiene, llevarlos a decisiones transformadoras se vuelve más difícil. Tal fue el caso cuando mi esposa y yo compramos nuestra primera casa. Habíamos vivido en el extranjero durante quince años, y en diciembre de 2004 regresamos al sur de California para visitar a nuestra familia para las fiestas. Cindee y yo volvíamos a casa después de ver una película cuando vimos un cartel de bienes raíces con un apellido familiar. Roberto y Sandy Birtwell eran amigos de toda la vida y Roberto había sido mi gerente regional cuando vendía papel en Moore Formularios, dieciséis años atrás.

Inmediatamente llamé al número que aparecía en el cartel, y él contestó el teléfono.

Le dije:

— Roberto, disculpa por llamar tan tarde. Para ser honesto, pensé que tu contestador automático iba a responder.

—En realidad, Sandy y yo estamos en Miami. Nos fuimos a un partido de campeonato nacional de fútbol norteamericano de la universidad en el Orange Bowl. Estamos volviendo del estadio —dijo.

—Por favor, llámame cuando vuelvas al sur de California. A pesar de que hoy no estamos buscando una casa, cuando volvamos a vivir a los Estados Unidos en seis meses, nos gustaría ver si podemos comprar una.

—Estaremos de vuelta en dos días, —respondió Roberto.

Cuando regresaron, Sandy nos llevó a ver algunas propiedades y nos enseñó cómo comprar una casa. Vimos unas diez propiedades diferentes. Algunas eran maravillosas, pero demasiado caras. Otras estaban en buen precio, pero no eran adecuadas para nosotros. La última propiedad que vimos también estaba fuera de nuestro presupuesto.

Tan pronto como llegamos a la casa, yo supe que estaba en problemas. Era hermosa. La entrada era preciosa. La sala de estar tenía el techo abovedado y la iluminación era pintoresca. Mi esposa y Sandy subieron al segundo nivel por las escaleras y yo las seguí varios pasos atrás. Cuando llegamos a la segunda planta, Sandy se dio la vuelta, miró a Cindee, y dijo: «¿Puedes decir "desván"?». Los ojos de mi esposa se abrieron. Ambas comprendieron la importancia del metraje adicional. Doscientos metros cuadrados adicionales sumarían decenas de miles de dólares al valor de la casa. El costo de poner un desván es mínimo en comparación con el beneficio y el valor monetario que se produciría.

Lo único que podía pensar era: «No estamos apurados, y no necesitamos una casa ahora. Estamos en una misión de investigación». Después de ver los diferentes ambientes, de admirar el diseño, y de averiguar qué habitación pertenecería a cuál de nuestras hijas, nos dirigimos hacia el auto.

—¿Qué piensan? — preguntó Sandy.

—Es hermosa —le dije —. Es todo lo que queremos y necesitamos en un hogar.

—Bueno, creo que podemos ofrecer veinte mil dólares menos de lo que el dueño está pidiendo, —dijo.

—Uh, creo que deberíamos esperar un minuto, —le respondí—. No vamos a regresar a los Estados Unidos hasta dentro de seis meses. No podemos comprar una casa y dejarla desocupada durante un largo período.

—Jason, nunca te recomendaría nada que no fuera una buena oportunidad. Si crees que esta casa es una gran opción para su familia, tal vez deberíamos preguntarnos cómo podemos hacer para que eso funcione para ustedes.

—No sé, Sandy. —Estaba en duda—. ¿Cómo podremos pagar la hipoteca si todavía vivimos en el extranjero? No podemos hacer dos pagos, el de la casa de Costa Rica y este.

—Puedes pedirle al dueño que te dé una prórroga de ocupación y pago hasta tu llegada a los Estados Unidos. De esa manera, no serás responsable del pago mensual hasta tu llegada. Incluso el propietario podría alquilarte la casa un par de meses y podrás seguir viviendo en Costa Rica hasta encontrar un lugar propio. Jason, esta casa está a una cuadra de la escuela secundaria a donde tus hijas van a asistir. No necesita ningún ajuste o mantenimiento. Si construyes un desván, el valor se incrementará considerablemente. Esta es una gran oportunidad que no estará dentro de seis meses.

Cindee y yo hablamos sobre el asunto y cinco minutos después le dijimos:

—Ofrécele veinte mil dólares menos que el precio de venta, y haz la oferta dependiendo de un depósito de sesenta días. Si el propietario necesita más tiempo, estamos abiertos a alquilarle la propiedad hasta un mes antes de que regresemos.

Ni por un momento pensé que el dueño aceptaría nuestra oferta. Estaba convencido de que lo rechazaría.

Esa tarde, Sandy me llamó: «¡No vas a creer lo que pasó! El agente de bienes raíces se reunió con el dueño, y aceptó todas nuestras condiciones. No hizo ninguna contraoferta. No tenía requisitos. Él va a considerar el alquiler después de abrir la negociación con un depósito».

Estuve a punto de dejar caer el teléfono. Seis meses más tarde regresamos a Los Ángeles y llegamos directamente a nuestra primera casa.

A menudo me pregunto cómo la compramos, sobre todo, cuando no teníamos prisa para hacerlo. Simplemente estábamos en el proceso de educarnos a nosotros mismos. Sandy sabía lo que queríamos, lo que necesitábamos, y nos ayudó a ver una ventana de oportunidad. Ella sabía que con un sentido de urgencia era mucho más probable avanzar con la compra. Me alegro de que nos haya dado un empujón. La casa resultó ser en un sitio ideal para nuestra familia joven.

Nuestras hijas caminan a la escuela primaria y a la secundaria. Nuestra casa se encuentra a un kilómetro de un centro comercial regional y de un hospital. Tenemos todo lo que una familia necesita a cinco minutos de la casa.

Al igual que Sandy, personas que demuestran un poder para persuadir, ayudan a otros a ver una ventana de oportunidad y a experimentar un sentido de urgencia. Ya se trate de una oferta limitada o escasa, los que son muy eficaces para superar las objeciones llaman la atención sobre una posible pérdida. Recuerde esta regla importante cuando se trata de la persuasión. El miedo a la pérdida es mayor que el deseo de ganancia. La gente odia perder algo maravilloso. Peor aún, no quieren sentirse humillados.

Cuando usted se enfrenta con una objeción de *no tengo prisa*, encuentre una manera de ayudar a la gente a ver su maravillosa ventana de oportunidad. Cree un sentido de urgencia. Usted podría incluso señalar un incentivo si actúa pronto. Por ejemplo, podría decir: «Si se decide ahora puede evitar gastos adicionales». O, «Si usted se compromete hoy, obtendrá el segundo artículo con un descuento». Incluso: «¡No pierdas esta gran oportunidad para _____ (llene el espacio)!». Por supuesto, es necesario contextualizar estas frases para su campo u ocupación. No obstante, la idea es la misma. Básicamente, usted quiere ayudar a los que sirve a sentir la urgencia para actuar en el momento indicado antes que tarde. Si realmente cree que lo que usted ofrece es la mejor solución, ayude a otros a ver la maravillosa oportunidad que está delante de ellos.

4. No tengo deseo

Arturo dejó a su familia costarricense y se dirigió al norte hacia México. Su objetivo era llegar a los Estados Unidos y vivir el sueño americano. A la edad de diecisiete años, hizo el plan, aterrizó en el Aeropuerto Internacional de la Ciudad de México, y tomó un autobús en la frontera de Tijuana y California. No tenía visa ni pasaporte, y muy poco dinero. Después de dos días de andar en las calles de Tijuana, conoció a alguien que por un módico precio iba a «escoltarlo» para pasar por la frontera.

La noche siguiente el séquito lideró a un grupo de aspirantes jóvenes a través de un pequeño agujero en el gran muro que separaba los dos países. Tan pronto como todo el mundo pasó, pagaron al hombre quien se retiró rápidamente a través del agujero a territorio mexicano. Los otros enérgicamente caminaban hacia el leve resplandor proveniente de la ciudad de San Diego, cuando de repente los proyectores brillantes conectados a la parte superior de los vehículos de cuatro por cuatro alumbraron todos sus movimientos. «Esta es la Patrulla Fronteriza de Estados Unidos, —escucharon—. Quédense donde están. Están bajo arresto».

Arturo experimentó un temor mucho mayor que cualquier otra cosa que jamás había sentido en su joven vida. Sentado en la parte trasera del vehículo de la patrulla, se sentía desesperado y avergonzado. «¿Qué pensarán mis padres?», se preguntaba. Debido a su edad, en lugar de encarcelarlo en el condado de San Diego, las autoridades lo llevaron a un centro de detención juvenil. Registraron sus pertenencias, y abrieron la puerta de la celda. Cuando él entró, sentía que había algún tipo de error:

Su celda... tenía moqueta, aire acondicionado, cable de televisión y baño privado. Su habitación tenía una pequeña ventana por la que se veía el aeropuerto de San Diego. Al día siguiente, durante la hora de comer, descubrió que podía repetir las comidas. Un doctor venía una vez a la semana, y un capellán ofrecía servicios de culto. Un día, su tío David que vivía en los Estados Unidos, se acercó y le ofreció pagar la fianza. Arturo respondió:

—¡No, gracias!

—¿Por qué no?

—Es que vivo mejor aquí que en mi propio país.

Su tío tardó dos días en convencerlo de que había más

libertad fuera de la cárcel que adentro. Incluso entonces, Arturo todavía parecía escéptico. La primera noche que pasó fuera de la cárcel entendió lo que su tío le estaba diciendo. A partir de ese momento realmente estaba contento y pensaba que en verdad ese era el sueño americano. Desafortunadamente, muchas personas se sienten felices donde están y no tienen idea de cuánto están perdiendo. Así que, ¿qué puede hacer si está tratando con alguien que no tiene deseo de seguirlo, de comprarle, de recibir su consejo, o de aceptar la idea que está presentando? De todas las objeciones, obstáculos y rechazos, «no deseo» es uno de los más difíciles de manejar.

En el caso de Arturo, su tío tuvo que averiguar lo que quería su sobrino. Él quería vivir el sueño americano. Ese sueño no se vive entre rejas, aunque todas sus necesidades básicas estén cubiertas. La libertad se basa en tres cosas: la libertad religiosa, la libertad política y la libertad financiera. Mientras Arturo estaba en la cárcel, no tenía ninguna libertad. La única manera de poder experimentar el sueño que siempre quiso vivir fue ver que su situación era inaceptable. Esto es precisamente lo que hacen los persuasores poderosos: Dirigen a sus seguidores a descubrir lo que necesitan y les ayudan a ver que el status quo es inaceptable. Ayudan a las personas a cerrar la brecha entre donde están y donde tienen que estar para experimentar los deseos de su corazón.

Inevitablemente, cuando el dolor de permanecer en el mismo lugar es mayor que el dolor causado por el cambio, la gente se mueve hacia una mejor salida. Soluciones persuasivas sólo funcionan cuando la gente puede ver un camino para llegar a ellas y que los lleve más cerca de sus sueños y de los recursos que satisfagan sus necesidades.

Si usted va a superar las objeciones, obstáculos y barreras

que le impiden dirigir a las personas hacia las decisiones transformadoras, debe mostrarle a la gente una mejor manera, incluso cuando se contenta con quedarse donde está. Si usted se dedica a la condición física, muéstreles una imagen de un corazón saludable que hace ejercicio, en contraste con la de uno que no lo es. Lo mismo ocurre con las finanzas, la familia y la educación. Muestre a la gente una vida mejor con lo que está presentando, y el concepto de *no lo necesito* comenzará a disiparse rápidamente.

Además de averiguar cuáles son las necesidades y deseos de las personas, descubra si su falta de interés se basa en el hecho de que no saben lo que está disponible. Muchas veces la gente no está interesada en la compra de una cubierta de parrilla negra para su auto porque no ve la necesidad de hacerlo, pero puede ser que adquieran una blanca porque se ve bien como un accesorio.

A veces las personas no toman una decisión porque no saben qué es lo que hay disponible. Por ejemplo, algunos adultos podrían ganar su título de maestría si supieran que podrían tomar clases por la noche durante los fines de semana. La gente compraría su casa de ensueño si pudiera descubrir un financiamiento no convencional. Algunas personas podrían dejar su trabajo de tiempo completo si supieran cómo iniciar su propio negocio. La gente necesita ver las opciones y las posibilidades que están disponibles. Una vez que usted ayude a abrir los ojos, sus oyentes serán capaces de ver las enormes oportunidades que se les ofrecen.

5. No confío en ti

Hasta donde puedo recordar, quería comprar un Ford

Mustang GT. Hace varios años inicié una cuenta de ahorros y cuando me fue posible hice pequeños depósitos. Finalmente, tuve suficientes fondos ahorrados, y estaba ansioso por comprar un modelo que tenía dos años.

Nunca me olvidaré del momento en que entré al concesionario y me fijé en los cuatro modelos que tenían menos de trece mil millas en el odómetro. Después de unos diez minutos, me di cuenta de algo extraño: no había representantes de ventas que se me acercaran. Cuando miré hacia la sala de exposición, tres hombres de mediana edad estaban sentados fuera de las puertas y conversaban acerca de algo humorístico. Me acerqué y pacientemente esperé a que me respondieran. Por fin dije:

—Disculpen. ¿Ustedes trabajan aquí?

—Claro que sí, —dijo uno de ellos—. ¿Cómo podemos ayudarlo?

—Bueno, estoy interesado en un Mustang de segunda mano, —le dije.

Sin dudarlo, el compañero sarcástico barrigón se reclinó en su silla y dijo:

—Te toca, campeón, —mientras se dirigía al más joven del grupo.

Él no dijo nada. Sólo señaló su propio pecho y susurró:

—¿Yo?

El gordo asintió.

El joven, cuyo nombre cambié para proteger su identidad, se levantó lentamente y me extendió la mano.

—Mi nombre es José, usted va a ser mi primer cliente, —dijo con entusiasmo.

—¿Hoy soy su primer cliente?

—¡Ojalá! —respondió—. No, mi primer cliente siempre.

—¿Quiere decir que soy el primer cliente desde que empezó a trabajar aquí, ¿no?, —le pregunté.

—¡Oh, sí! Por supuesto.

Pensando que él estaba en su primera semana como vendedor de autos le pregunté:

—¿Cuánto hace que trabajas aquí?

—Seis meses, —dijo con indiferencia.

«Seis meses, pensé: obviamente debe de tener niños flacos. ¿Qué vendedor permanece en un trabajo durante seis meses sin una venta? ¿Qué empresa mantiene a un vendedor que no vende nada en medio año? ¿Qué director no entrena a sus vendedores?».

Zig Ziglar hace una gran declaración en sus enseñanzas: «Sólo hay una cosa peor que formar a los trabajadores y luego perderlos. Es no entrenarlos y mantenerlos.»2

Yo sabía una cosa, si yo tuviera la menor duda sobre la compra del auto, este vendedor no tendría los medios para superar mis objeciones.

—¿Qué Mustang le interesa? —preguntó José.

—El rojo, —contesté.

—¿El rojo? ¿Por qué ese?, —preguntó—. Ese color sólo atraerá a las patrullas del camino. ¿No sabe que el rojo es el peor color para autos en la carretera? Además, debe conseguir uno nuevo. Duran más.

Por un momento pensé que me estaba volviendo loco. Justo frente a mis ojos, José estaba perfeccionando el arte de perder una venta. He visto a mucha gente hacer cosas ridículas para desanimar a un comprador ya listo para hacer la compra, pero ninguno comparado con él.

—Oye, estoy interesado en este vehículo porque tiene poco kilometraje, es un Especial Californiano, y es del año correcto. Además, las opiniones son muy positivas.

Movió sus labios hacia su extremo izquierdo y entonces se frotó la barbilla. Luego dijo: —Permítame hacer una llamada a mi gerente y ver lo que puedo hacer por usted.

No estoy realmente seguro de por qué querría llamar a su gerente, y si el gerente era aquel compañero barrigón, yo definitivamente no quería que los dos hablaran sobre un posible acuerdo conmigo.

Mientras se realizaba la llamada, dijo:

—Oye, soy yo.

Luego bajó la voz: «Él está interesado en el rojo. Sí, ya sé que es usado —dijo en voz baja—. Sé que no voy a ganar la misma comisión. Bien, se lo diré».

Cerró la tapa del teléfono, me miró y dijo:

—¿Seguro que no quiere comprar el modelo del último año que está por aquí?

Para no ser grosero, le dije, mientras me iba:

—Voy a pensarlo.

No tenía ninguna intención de volver. ¿Era el auto rojo una buena opción para mí? Absolutamente. ¿Tenía un precio justo? Sí. ¿Era el momento adecuado en mi vida? Yo creo que sí. ¿Entonces por qué no me compré el vehículo? Perdí toda la confianza en el representante. Después de diez minutos, entendí perfectamente bien por qué él no había vendido un auto en seis meses. Todavía quiero ser el dueño de un vehículo de cuatrocientos caballos de fuerza. Cuando se trata de vehículos, sin embargo, la confianza es uno de los aspectos más importantes del acuerdo.

La mayoría de la gente le compra a aquellos en quienes confía. Una mujer generalmente se casa con un hombre en el que siente que puede confiar. Un niño salta por primera vez a una piscina porque confía en que su padre lo atrapará. Volamos con las compañías aéreas en que confiamos. Escuchamos al ministro en quien confiamos. Nos sometemos al médico en el que confiamos. Aprendemos de los profesores en quienes confiamos. Piense en esto por un momento. ¿Usted compra o aprende de alguien en quien no confía? ¿Usted sigue a alguien en quien no confía?

¿Cómo se puede establecer la confianza con los que usted está tratando de persuadir? ¿Es posible hacerlo sin ser manipulador? Creo que se puede, sobre todo si se acuerda de los siguientes tres principios importantes. Ellos le ayudarán a establecer la confianza con los demás de forma rápida y eficaz.

En primer lugar, sea transparente en cuanto a su familia. Si usted ama sinceramente a su cónyuge y a sus hijos, es un gran activo. Las personas son mucho más propensas a confiar en un hombre que se preocupa por su familia. ¿Por qué? Esto demuestra que no es enteramente egocéntrico. El término «hombre de familia» suena positivo y digno de confianza. Le da a una persona una gran credibilidad. Lo mismo es cierto para una mujer, un abuelo o, incluso, un adolescente. El que los miembros de su familia lo apoyen, es una referencia positiva para usted. Por esa razón, siempre que sea posible me llevo a mi esposa y a mis hijas conmigo cuando hago una presentación por primera vez. Las mujeres en mi vida me dan más credibilidad que cualquier palabra que sale de mi boca o que la presentación pulida que pueda hacer. Por alguna razón, los extraños son propensos a extender la confianza hacia aquel cuya familia parece estar unida detrás de su causa.

En segundo lugar, utilice testimonios que resaltan su servicio, producto o idea. Mencione a los individuos que han experimentado un gran avance, sobre todo si aquellos a quienes está tratando de alcanzar, los conocen. Cualquier apoyo puede ayudar a abrir puertas con las personas que luchan con la confianza. Durante estos años he obtenido algunos endosos maravillosos acerca de mis libros y presentaciones, y yo los guardo en una caja fuerte. Los puse en mi sitio web. Los comparto en boletines. Los imprimo en las contraportadas de los libros. Al principio, las personas pueden o no creer sus palabras, pero son mucho más propensas a creer en el endoso por parte de personas o empresas familiares.

En tercer lugar, no pida nada, solo sirva. He citado a Zig Ziglar varias veces y merece que se repita una de sus declaraciones aquí. «Usted puede tener todo lo que quiere en la vida si ayuda a suficiente cantidad de gente a conseguir lo que quiere.»[1] Jesús lo resumió de esta manera: «Si alguno quiere ser el primero, que sea el último de todos y el servidor de todos» (Marcos 9:35). Busque una manera de ayudar a las personas sin ningún tipo de condición. Ofrézcales un servicio, un regalo, o algo que necesitan, sin pedir nada a cambio. Al principio, la gente lo cuestionará. Pero su actitud debe ser simplemente: «Yo estoy aquí para ayudar a tantas personas como pueda». Cuanta más gente usted ayude, mayor será el retorno de la inversión. Es la ley de la reciprocidad. Usted cosechará lo que siembra. Así que siembre generosamente en la vida de sus clientes, de sus seguidores, y de los que aspira a servir.

Los grandes persuasores en la vida no ven objeciones, ven oportunidades. Cuando oyen la palabra «no», no la interpretan como un rechazo, sino como una oportunidad para averiguar por qué el individuo no quiere tomar una decisión favorable. No consideran un rechazo como algún gesto personal, sino como un abismo o una distancia entre dos ideas que, con el tiempo, la información y la razón, se unirán para crear decisiones transformadoras.

Pasos prácticos para superar las objeciones, obstáculos y rechazos

Cuando usted se enfrenta con una objeción, enfóquese en el deseo central y en la necesidad de las personas con quienes está tratando. ¿El obstáculo está basado en la falta de necesidad, el dinero, la urgencia, el deseo o la confianza? Es probable que sea una de estas cinco razones. Una vez que limite la búsqueda, háblele a la persona a quien usted está presentando su idea o producto. Luego dígale: «Si hubiera una manera de ahorrar dinero (en el caso de una objeción financiera), ¿estaría usted dispuesto a considerar seguir adelante con esta opción, o hay algo más?». Si se trata de otro tipo de objeción, entonces mencione un concepto en una frase similar. Por ejemplo: «Si pudiera demostrarle que al seguir adelante con esta idea o al aceptar este producto usted podría resolver una necesidad importante que tiene (en el caso de una falta de necesidad), ¿le interesaría?». Este tipo de preguntas, simplemente, reducen el número de objeciones para que usted pueda discernir de dónde viene la verdadera resistencia. Cuando las personas tienen la oportunidad de hablar sobre cómo se sienten, usted ganará un increíble punto de vista para dirigirlos mejor a tomar decisiones transformadoras.

La objeción número uno de casi cualquier venta es la falta de dinero. La gente usa la frase «no puedo pagar» más que cualquier otra razón para no hacer una compra. La objeción más difícil de superar es «no lo necesito». ¿Por qué la gente va a comprar algo que no necesita? Probablemente no lo hagan, a menos que lo quieran. El deseo es un motivador mucho más potente que la necesidad. Así que si no necesitan lo que usted está presentando, busque una manera de ayudarlos a quererlo.

La falta de urgencia es la tercera objeción más difícil. Cuando la gente tiene tiempo para tomar una decisión, puede ser algo bueno, pero al mismo tiempo, podría ser una maldición. ¿Por qué podría ser una maldición? Cuando la gente no siente la urgencia, no siente la presión para aprovechar la puerta abierta de una gran oportunidad cuando se les presenta. Pasan frente una oportunidad tras otra sin comprometerse con ninguna de ellas. Como un poderoso persuasor, debe ayudar a las personas que sirve a ver esa puerta abierta «una vez en la vida» para que no se pierda una decisión que puede cambiar su vida.

Muchas veces las personas no avanzan con una decisión solo porque no confían plenamente en quien presenta el producto, servicio o idea. No es que no tengan el dinero o el deseo. Simplemente no se sienten cómodas entrando en una relación comprador-vendedor, maestro-alumno, líder-seguidor. Una vez establecida la confianza, usted se convierte en un aliado, en lugar de un adversario. Se convierte en un activo en lugar de pasivo. Usted se convierte en un recurso valioso.

Al terminar este capítulo, no olvide aclararle cada objeción u obstáculo a la persona con la que está tratando. Pregúntele si su razón para no avanzar (precio, tiempo, estilo, atractivo, confianza o la que sea) es su única duda. Si es así, interróguelo acerca de si estaría dispuesto a seguir adelante con una decisión positiva, si usted llegara a encontrar una solución razonable que satisfaga su preocupación. Trate con cada objeción u obstáculo de esta manera. Luego puede avanzar al siguiente paso de una poderosa persuasión, *el cierre*.

Preguntas para la discusión o reflexión personal:

1. ¿Cuáles son algunas maneras que usted ha usado para superar la falta de necesidad? ¿Cómo se puede ayudar a las personas a ver la necesidad potencial que ni saben que existe?

2. ¿Cuáles son algunas de las formas en que ha ayudado a otros a superar sus obstáculos financieros mientras pensaban en sus opciones? En su opinión, ¿por qué la gente se paraliza cuando se enfrenta a un problema financiero? ¿Qué se puede hacer para ayudarlos?

3. ¿Por qué es importante el tiempo cuando usted lleva a la gente a tomar una decisión transformadora? ¿Qué se puede hacer para que la falta de urgencia y el deseo sirvan a su favor?

4. ¿Qué ha hecho en el pasado para ganar la confianza de aquellos a quienes usted sirve?

5. ¿Qué es lo más importante que aprendió en este capítulo?

Poder para Persuadir

Sección IV

Cierres Persuasivos

PODER PARA PERSUADIR

Capítulo 7

CONVIÉRTASE EN ALGUIEN QUE CIERRA PERSUASIVAMENTE

Jeremías deslizó la hoja de papel sobre la mesa. La parte inferior del contrato decía tres millones de dólares. Sintió que había un cincuenta por ciento de posibilidades de que el señor Zimmerman aceptara el trato. Fueron los tres segundos más largos de todo el proceso de la venta.

El Sr. Zimmerman miró a Jeremías y le dijo: «No tengo ni idea de cómo me persuades a firmar esto, pero por alguna razón, lo estoy haciendo. Me lo vendiste». A continuación, sacó una lapicera del bolsillo interior de su chaqueta y firmó el contrato.

Jeremías quería saltar tres metros en el aire, pero de alguna manera contuvo su júbilo. En cambio, orgullosamente sonrió y dijo: «¡Sr. Zimmerman, felicitaciones, usted es el orgulloso propietario de un avión!».

Después que el Sr. Zimmerman tomó posesión de la aeronave, Jeremías decidió volver a examinar el proceso de venta con el multimillonario. Tomó un riesgo importante, y lo llamó para hacerle una pregunta simple.

—Sr. Zimmerman, —dijo—. Usted expresó que no tenía idea de por qué decidió realizar una operación de compra conmigo, pero sé que es mucho más astuto que eso. Quiero que me ayude a convertirme en el mejor representante de ventas que pueda. Por favor, sea honesto. ¿Por qué me concedió su negocio?

El Sr. Zimmerman hizo una pausa y dijo:

—Sabes que, al pensarlo, supongo que uniste todos los

detalles muy bien y, debido a eso, yo confié en ti. Sentí que harías lo que dijiste que ibas a hacer.

La construcción de confianza con los que pretendemos servir es imprescindible. Sin ella no tenemos esperanza de llevarlos a tomar decisiones transformadoras. Si no logramos hacer eso, no podremos cerrar nuestra transacción. Sin dominar el arte del cierre, no tenemos ninguna esperanza de ganar el negocio o de completar el objetivo que nos propusimos. Esta última sección es esencial para el arte de la persuasión. El objetivo es ayudarlo a convertirse en alguien que cierre su negociación de forma persuasiva. Este capítulo se trata de las cuatro áreas que aquellos que logran cerrar persuasivamente dominan bien al dirigir a la gente hacia la mejor solución. La primera es tener una idea clara de dónde se encuentra el cliente en el proceso de persuasión.

1. El resumen correcto

Un amigo me invitó a escuchar a un gran comunicador durante una de las convenciones regionales de su organización. Nunca olvidaré el discurso dinámico y desafiante que dio aquella noche. Ricardo, el presidente de una organización multinacional, me tenía expectante sentado en el borde del asiento. Me impresionó tanto que el lunes siguiente le escribí una carta y le dije qué tan inspiradora había sido su presentación. Mencioné que aunque yo había dado conferencias por todo el mundo, muy pocas personas me mantenían enganchado como él lo había hecho. Le indiqué el sitio de mi canal de YouTube donde se muestra un evento bilingüe que celebramos en un centro de convenciones, en el sur de California. Y terminé la carta con la siguiente declaración: «Creo que los mejores años para su organización están acercándose rápidamente y me gustaría compartir con ustedes cómo yo podría ser de ayuda. Todo lo que necesito es un par de minutos de su tiempo en un lugar que le sirva. Mi oficina está cerca de las suyas. Mi número de celular se encuentra a continuación. Por favor, siéntase libre de llamar».

Una hora después de la llegada de la carta a su oficina corporativa, Ricardo me llamó. —Dime, Jason, ¿de qué manera crees que puedes ayudarnos a alcanzar el siguiente nivel en ventas?

—Creo que puedo colaborar para que sus consultores aumenten la cantidad de ventas que tienen y, al mismo tiempo ayudarlos a ser mejores al cerrar tratos.

—¿Cómo vas a hacer eso? —preguntó.

—Me gustaría compartir mis consejos en su próxima convención, es decir, como el orador principal.

Tomando en cuenta que Ricardo no me conocía ni había oído hablar de mí antes de la llegada de mi carta, me sorprendió que no se riera de mi atrevimiento. Pero sabía que era un líder sencillo y que apreciaría a alguien que «fuera al grano».

—Más tarde, podemos hablar de tus referencias curriculares, pero déjame hacerte una pregunta directa. ¿Cuál es tu honorario para dar un discurso?, preguntó.

Note que él no me preguntó lo que yo habría estado dispuesto a recibir a cambio de mis servicios, sino simplemente cuál era el precio.

—¿Cuántos consultores espera en la convención nacional?

—Diez mil

Sin dudarlo le dije:

—Veinte mil dólares.

—Jason, me caes muy bien —dijo— y me alegra que no hayas dicho mil quinientos. De ser así, hubiera sabido que no tenías la experiencia que estamos buscando. Antes de que te llamara vi tu presentación bilingüe en el Centro de Convenciones. La disfruté muchísimo. Sin embargo, necesito la seguridad de que lo que vas a compartir tenga el valor que merece la tarifa que cobras, de manera tal que sea muy beneficioso para nuestros consultores.

En ese momento yo supe que la dificultad de convencerlo aumentaba más cada segundo, pero aún así era posible. Hice una pausa y le dije:

—Durante su discurso, el viernes pasado, mencionó que el producto que ofrece es superior al de sus competidores. También aludió al hecho de que el porcentaje de las ventas de nuevos negocios está disminuyendo. ¿Es ese el caso?

—Sí, lo es.

—En la mayoría de los casos, esto es porque los representantes luchan con la forma de cerrar el trato. Más de la mitad de las llamadas de ventas terminan sin un intento de cierre. Además, la tasa de cierre nacional es aproximadamente el veinticinco por ciento.

—Eso es lo que nuestro vicepresidente de ventas me dice, —murmuró.

—Indicó que deseaba vencer a la competencia, y por eso quiere que las próximas ventas aumenten considerablemente. ¿Es así?

—Estoy de acuerdo.

—Tengo una idea que creo que va a resolver su problema y a eliminar cualquier duda acerca de lo beneficioso que mi presentación principal sería para los representantes. Para averiguarlo, no le costará ni un centavo. ¿Está abierto a la idea?

—¡Claro que sí!

—¿Puedo acompañarlo a la próxima llamada en conferencia

nacional de entrenamiento? Allí comentaré tres principios de una serie que yo llamo «concretar sin fallar». Cuando la llamada termina y los consultores comienzan a poner en práctica lo que han aprendido, recibirá comentarios y puede monitorear los resultados de sus esfuerzos. En ese momento, puede tomar una decisión con respecto a mi participación en su próxima convención nacional. Si me dirijo al grupo, y después de mi enseñanza no está completamente satisfecho con mi presentación, le devolveré mi honorario menos mis gastos. ¿Le parece justo, Ricardo?

—Absolutamente, —respondió con entusiasmo.

Tres semanas más tarde, capacité a miles de representantes en una conferencia. Ellos escucharon los mismos principios que compartiré en el siguiente capítulo de este libro. Esa presentación abrió la puerta para que hablara y entrenara a otros, por todo el país. A pesar de todo, aprendí una valiosa lección: ser directo y darle a la gente un resumen de dónde se encuentra y hacía dónde quiere ir. Esto le ayudará a ver con claridad la decisión que traerá transformación a su vida y a su negocio.

Con los años, he descubierto que los que cierran efectivamente nos brindan un directo y simple resumen de cómo el interesado ha llegado a donde está. Establecen el cierre con precisión y claridad. Independientemente de su profesión, ya sea un administrativo altamente calificado de préstamos, un representante de ventas, un orador que motiva, un empresario o un abogado, todos ellos hacen una declaración concisa que explica claramente dónde estamos en el proceso.

Hacen una oración simple o algo más completo, dependiendo de su campo. Para ser breve voy a compartir la sumatoria de declaraciones simples. Un resumen poderoso que toca nuestra frustración, nuestro desafío, nuestro problema o nuestra aspiración y nos recuerda nuestro deseo para la compra, la mejoría, el avance, la liberación, la victoria o la sanidad. Un ejemplo de una declaración de gran alcance es: «Has mencionado que deseas moverte más allá del patrón, porque te sientes atrapado»; o, «Puedo darme cuenta de cuán frustrado te sentirías si tu auto se descompusiera constantemente, y desearas ser libre de la preocupación de quedar varado en el camino». Otra declaración es: «Pareces estar preocupado por tu futuro financiero, y deseas la tranquilidad de saber que no importa lo que pueda suceder, siempre tendrás suficiente dinero para mantener el estilo de vida que quieres».

Si está haciendo una presentación para una importante empresa y quiere ayudarla a aumentar sus ingresos, podría decir: «Ustedes han indicado que desean volar más lejos que su competencia y por eso quieren que las nuevas ventas aumenten sustancialmente». Estas declaraciones tratan de guiar a los que servimos a que digan que sí. Si su cliente o comprador se ve desconcertado después de esa declaración, usted no ha diagnosticado correctamente la circunstancia. En este caso, es necesario verificar cuáles son sus necesidades y deseos. Si dicen que sí, usted está listo para pasar a la siguiente etapa crucial en una conclusión de gran alcance. El resumen correcto establece la *pregunta correcta*.

2. La pregunta correcta

Recientemente Reynaldo había asumido el cargo de director general de una organización. Durante las casi tres décadas él había trabajado en esa compañía, y esta había sido una de las más rentables de la industria. Con el tiempo, sin embargo, perdieron el negocio frente a nuevas empresas más innovadoras.

Su departamento de marketing simplemente regurgitaba viejas ideas y nunca abrazó los cambios tecnológicos de los últimos diez años. Reynaldo sabía que tenía una ventana de dieciocho meses de oportunidad para cambiar las cosas. Si no, la competencia los aplastaría, y la compañía quedaría liquidada.

Reynaldo miró a Pedro, sentado en su escritorio hecho de madera de cerezo, y le preguntó: «¿Cómo puedo promover el cambio en toda la organización? Sé que la gente se resiste a cambiar».

Reynaldo y Pedro habían sido amigos durante años. De todos los líderes que Pedro conocía, Reynaldo era uno de los más capaces. Él tenía un plan, pero no tenía ni idea de cómo vendérselo a las personas más influyentes en la organización.

—Dime en términos generales cuál es el problema, —dijo Pedro.

—Durante los últimos treinta años, hemos tenido una gran jugada, pero el sistema actual está roto, al igual que un auto con muchos kilómetros de uso se descompone y debe ir a reparación, —dijo.

—Esa es una gran analogía, —respondió Pedro—. Después de mostrarles que el auto está descompuesto, es necesario guiarlos a la pregunta correcta.

—¿Cuál es?

—Pregúntales si quieren quedar averiados en medio de la nada y luego verse obligados a vender el auto solamente como repuestos al mejor postor, porque, Reynaldo, eso es exactamente lo que ocurre con las empresas que no se adaptan a los nuevos tiempos, ya que quienes no se adaptan tienen un futuro en común: la fatalidad.

Reynaldo se sentó y se frotó la barbilla; luego dijo:

—Por favor, continúa.

—Si describes con precisión la inminente fatalidad, y la ven —dijo Pedro—, y luego les preguntas si quieren alterar su curso, y responden afirmativamente, presenta tu respuesta a la difícil transición que enfrenta tu compañía.

Una semana después, Reynaldo llamó a una reunión con los directores de marketing, fabricación, ventas y contabilidad. Esta vez, él arregló la sala de reuniones de manera diferente. En lugar de tener que sentarse en filas, colocó cuarenta sillas en un círculo grande para que no cayeran en la tentación de revisar sus correos electrónicos o sus redes sociales. Comenzó la reunión mostrándoles un modelo Mustang del 1964.

—Este es mi vehículo favorito, —dijo—. Ha sido uno de los autos deportivos más exitosos y de mayor venta en el mundo. Ha durado más de cinco décadas. En muchos sentidos, nuestra empresa es como este auto. La única diferencia es que no hemos evolucionado a lo largo de los años como lo ha hecho él.

Reynaldo continuó:

—No hemos cambiado o introducido algo nuevo en nuestros diseños, productos o servicios. (El grupo se sentó en silencio). Ahora imagínense que nunca han cambiado el aceite. Nunca han cambiado los neumáticos. Nunca han cambiado los amortiguadores. El vehículo nunca ha tenido una afinación. Y ahora, el Mustang tiene 700 mil kilómetros. ¿Cuánto tiempo creen que va a durar?

Uno de los miembros del grupo se echó a reír y dijo:

—El tiempo suficiente para llegar al depósito de chatarra.

—Exactamente —dijo Reynaldo—. Ustedes han comprado un gran auto, uno de los mejores. Pero si no le hacemos algunos ajustes significativos, otros entusiastas de autos van a desmontarlo y utilizar los repuestos para su Mustang que han mantenido en gran forma durante los últimos años. ¿Les parece justo?

Varios miembros del grupo agitaron sus cabezas.

—¿Quieren ver nuestra empresa desintegrarse? ¿O quieren hacer todo lo necesario para convertirnos en los mejores en nuestra industria una vez más?

Esa fue la pregunta que cambió el rumbo de la empresa. Cada persona en la sala de reuniones tenía un gran interés en el futuro de la organización. Cuando comprendieron hacia dónde tenían que dirigirse y entendieron el desafío de cambiar, por unanimidad decidieron aceptar el designio que Reynaldo propuso para reestructurar y reinventar la empresa.

Hacer la pregunta correcta puede sonar simple y rudimentario, pero es esencial en el proceso de un cierre eficaz. Con el fin de ser una persona que concluye poderosamente, tiene que unir la pregunta correcta con el resumen correcto. Si ha establecido la situación correctamente, las personas a las que usted quiere servir afirmarán que su resumen es correcto y verdadero. Recuerde, el cambio sólo se produce cuando el estado en que se encuentra se vuelve inaceptable. Cuando el dolor de permanecer en la misma situación es mayor que el dolor del cambio, entonces la gente cambia. Así que si su declaración es correcta, su pregunta es aún más importante. La esencia de una pregunta de gran alcance es simplemente esto: «¿Estás interesado en el cambio?» Por supuesto, no decimos eso en cada situación, pero la respuesta es lo que queremos saber. Por eso usamos preguntas que evocan una respuesta positiva.

Estos son algunos ejemplos de preguntas efectivas que despiertan a su cliente, a su seguidor o a su comprador a las posibilidades de un cambio transformador:

- ¿Te sientes frustrado?
- ¿Está satisfecho con el lugar donde estás en la vida?
- ¿Quieres ahorrar dinero?
- ¿Estás cansado de estar cansado?
- ¿Sientes que esto es justo?
- ¿Quieres ganar más dinero?
- ¿Quieres subir?
- ¿Quieres ser sano?
- ¿Deseas la paz de la mente?
- ¿Quieres sentirte atractiva?
- ¿Quieres ser libre?
- ¿Deseas vida eterna?

Estas preguntas son generales, y hay que contextualizarlas para su circunstancia específica o campo de experiencia. Una vez que vea las necesidades y reconozca los deseos de aquellos a quienes usted sirve, es imperativo que escuche su respuesta. No suponga que la respuesta a estas preguntas es sí, o que usted está haciendo la pregunta correcta.

Al presentar su producto, idea o solución, el siguiente cuestionario puede ayudarlo a conectarse con los deseos y con las necesidades de aquellos a quienes quiere servir:

- ¿Puedes ver cómo esto va a generar dinero?
- ¿Puedes ver cómo esta opción ahorrará tiempo?
- ¿Puedes ver cómo este curso te ayudará a moverte en la dirección de tus sueños?
- ¿Puedes ver cómo esta casa tiene todas las cualidades que buscas?
- ¿Este vehículo te ayudará a ahorrar costos de combustible y mantenimiento?

De nuevo, si la respuesta a estas preguntas es «sí», puede avanzar y dirigirse en la dirección que sus clientes, seguidores o compradores necesitan. La pregunta correcta conduce a la *solución correcta.*

3. La solución correcta

Zig Ziglar cuenta la historia de un amigo suyo, Jay Martin, que era presidente de los Asociados de Seguridad Nacional (NSA en inglés). Inicialmente, la NSA vendió detectores de humo para los hogares, pero a finales de 1970 empezó a distribuir filtros de agua, que vendí durante el verano, cuando me gradué de la universidad. Una noche, Jay acompañó a uno de sus representantes jóvenes en una posible venta. El joven hizo una presentación convincente.

Cuando el representante terminó y le preguntó al dueño de casa si estaba interesado en el equipo de detección de humo, el propietario se sentó, cruzó los brazos y le dijo: «Muchacho, sé que has oído hablar del accidente que tuve». En realidad, el joven nunca había oído nada al respecto. Entonces el señor mayor empezó a relatarle lo ocurrido: «Hace unos meses, mi esposa y yo estábamos manejando por la carretera y un conductor que se adelantaba a otro vehículo del lado equivocado, nos chocó de frente. Nos llevaron al hospital. Estuve allí durante diez días y desde que me dieron de alta no he podido trabajar tanto. Mis piernas todavía se están recuperando y eso ha afectado nuestros ingresos. Mi esposa estuvo en el hospital durante seis semanas y en ese tiempo su jefe la echó del trabajo. Así que nuestro ingreso ha recibido un golpe serio».

El representante se sentó allí con paciencia y escuchó todo lo que el dueño de casa decía. Este continuó: «La factura que el hospital me envió fue de más de veinte mil dólares por nuestra internación. Imagino que el seguro cubrirá la mayor parte de ella, pero esa gente está poniendo mucha presión sobre nosotros.

Hace una semana, mi hijo regresó de la marina de guerra, y la primera noche en casa condujo nuestro auto demasiado rápido y perdió el control en una curva. Se fue sobre un terraplén, chocó contra una estación de gasolina y se estrelló contra un cartel que costó siete mil dólares. Probablemente el seguro cubrirá mi auto, pero no creo que cubra el cartel».

«Finalmente —dijo— y por si eso fuera poco, ayer por la noche internamos a mi suegra en el hogar de ancianos más caro de todo el condado. Estoy seguro de que voy a terminar pagando sus cuentas mensuales también».

La mayoría de las personas en ventas habría terminado la entrevista diciendo: «Señor, lamento mucho lo que te ha ocurrido. De hecho, si tuviera dinero, me gustaría ayudarte».

Sin embargo, en lugar de sentirse abrumado por la difícil situación del hombre, el representante NSA se alejó del problema para encontrar la mejor solución que podía. Entonces le preguntó al dueño de casa: «Además de estas razones, señor, ¿habría alguna otra por la cual no podrías seguir adelante e instalar este equipo en tu casa para proteger a tu familia?».

El dueño no podía creer lo que escuchó. «¿Me estás tomando el pelo?», pensó. Luego se dio una palmada en la pierna y se rió burlonamente: «No, muchachito, esas son las únicas razones por las que no podemos seguir adelante y comprar el equipo.»

El joven vendedor, con calma, buscó en su maletín, sacó un detector de humo y se acercó a la pared. Lo ubicó en el lugar ideal, mostrando al dueño de casa cómo se veía. Entonces dijo: «Señor, lo mejor que puedo decir es que ahora debes casi treinta mil dólares». Luego hizo una pausa y dijo: «Y trescientos dólares más no hará diferencia en absoluto». Miró al hombre a los ojos e hizo una declaración que cerró el trato. Al hacerlo, él proporcionó la mejor solución para el hombre y su familia.

«Señor —dijo— en cualquier circunstancia el incendio es devastador. Pero en tu caso, ¡te acabaría!».

El propietario compró el detector. ¿Por qué? Porque el representante lo ayudó a ver que no podía soportar una tragedia más. Zig Ziglar resume la historia perfectamente cuando dice en su serie *Grandes secretos de Zig Ziglar para cerrar la venta* (Secrets of Closing the Sale): «El representante tomó las razones que el propietario utilizaba para decir que no, y las convirtió en las razones por las que fue absolutamente necesario comprarlo».[1]

Los que cierran efectivamente entienden que la solución correcta es difícil de resistir. Si usted presenta la solución correcta inmediatamente después de hacer la pregunta correcta y evaluar con precisión la circunstancia, será difícil que las personas rechacen su idea, producto o solución.

Si usted es un abogado, representante de ventas, predicador, empresario, profesor o administrador, si está en un trabajo que requiere persuasión, debe transmitir un fuerte convencimiento. Fíjese que no he dicho pasión, ya que esta viene y va, según nuestro estado emocional. Una convicción es un sentido profundo basado en una creencia. Las convicciones nos llevan a la acción y a verbalizar nuestros pensamientos y valores. Cuando abrimos la boca para hablar, algo sucede en nuestra mente que reafirma y fortalece nuestras creencias. Por eso las parejas durante una ceremonia de boda confiesan su compromiso mutuo en presencia de testigos. Por lo mismo, debemos decir oralmente un juramento antes de testificar en un tribunal de justicia.

Déjeme hacerle un par de preguntas sobre este importante paso. ¿Qué cree acerca de lo que usted vende o presenta? ¿Lo cree tan profundamente que estaría dispuesto a mirar a la gente a los ojos y decir: «Creo que esta es la mejor solución para ti»? ¿Podría compartir sus creencias frente a sus compañeros de clase, de trabajo o familiares que no creen como usted? Su convicción demuestra que usted tiene la mejor solución para las personas a quienes quiere servir.

Las siguientes declaraciones demuestran su convicción para ofrecer la solución correcta:

* Por eso sugiero que consideres esto como una opción.
* Te recomiendo que aceptes esta oferta.
* Creo que este es el curso de acción correcto.
* Este detector de humo puede salvar tu vida y la de las personas que amas.
* De todas las posibles soluciones en el mundo, este es la mejor para ti.

Utilice o no estas palabras, la convicción detrás de ellas es lo que quiere transmitir. Usted debe creer en lo que expone. Debe creer en la solución que representa y que no hay otra opción que se compare con la suya.

Si no está cien por ciento seguro y convencido de hacer esta declaración, no debe recomendársela a aquellos que está tratando de servir. Si hay un indicio de falta de sinceridad, su cliente o sus seguidores lo van a detectar, y perderá su confianza.

Si evalúa con precisión el reto, hace la pregunta correcta, y presenta la solución correcta con convicción, puede pasar a la etapa final del cierre persuasivo. La solución adecuada conduce al *llamado correcto a la acción*.

4. El llamado correcto a la acción

Juan y Felipe eran amigos y vivían en el sur de California. Ambos sintieron el costo de vivir en un área metropolitana muy cara. Juan decidió asistir a un seminario sobre el crecimiento financiero. El presentador era persuasivo, y el contenido era convincente. Pintó un cuadro exacto de los retos con los que se enfrentan las personas con préstamos para la escuela, hipotecas, gastos médicos a largo plazo para las personas mayores y la jubilación. Él hizo las preguntas obligatorias con cuyas respuestas la mayoría de los presentes estuvo de acuerdo. Ofreció un plan factible, enfatizando múltiples flujos de ingresos. Luego dijo: «Si estás interesado en alcanzar la libertad financiera, no dudes en visitar nuestra página web e inscribirte en el programa. Espero que lo hagas. Creo que podemos ayudarte».

Juan escribió la dirección de su correo electrónico y se llevó la información a su casa para mostrarle a su esposa. Cuando entró por la puerta principal, ella preguntó:

—¿Cómo fue el seminario?

—Fue bueno. Aprendí mucho, —respondió.

—¿En serio? ¿Cómo qué?

—Tenemos que aumentar nuestros ahorros y nuestra cuenta de jubilación, porque si no lo hacemos, podría ser devastador para nosotros.

—Oh, eso es aleccionador. ¿Aprendiste algo para evitarlo?

—Necesitamos diferentes formas de ingresos.

—¿Cómo vamos a hacer eso?

—¡Buena pregunta! Quieren que me inscriba en algún servicio de asesoramiento financiero.

En un tono frustrado, dijo:

—Cariño, dijiste que el seminario fue bueno, pero desde que comenzaste a explicarlo, me suena deprimente.

A la defensiva, Juan dijo:

—Escucha, aquí está la página web. Si deseas aprender más del sistema que tienen, averigua por ti misma.

—No, gracias —dijo—. Probablemente es algún tipo de truco.

Aproximadamente un mes después, Felipe, el otro amigo, fue a otro seminario financiero patrocinado por una empresa de inversión. El presentador cubrió muchos de los mismos problemas que enfrentan las personas cuando se hacen mayores. Discutió matrículas universitarias, gastos médicos, y las demandas de la jubilación. Después de hacer las preguntas correctas y de ofrecer las soluciones adecuadas, se detuvo e hizo la declaración más importante de la presentación: «No suelo poner presión sobre la gente —dijo— pero creo tanto en esta solución para tu futuro financiero que voy a pedirte que hagas algo fuera de lo común: si deseas las llaves de tu libertad financiera, quiero que te pongas de pie en este momento».

Unas diez personas rápidamente se levantaron de sus sillas. Otros tomaron unos segundos más. Después de unos quince segundos, aproximadamente la mitad de la sala se había puesto de pie.

«Ahora quiero que te dirijas a una de las mesas situadas a ambos lados de esta sala de conferencia y llenes la tarjeta que ves resaltada en la pantalla sobre mi cabeza. Eso es. Sigue adelante y camina en este momento, incluso mientras sigo hablando».

Las personas caminaron lentamente hacia las mesas, y para aquellos que simplemente se quedaron allí, un asistente se les acercó e hizo un gesto en dirección a la mesa más cercana.

El presentador continuó: «Nuestros asistentes te entregarán una carpeta con mucha información acerca de lo que puedes hacer para evitar la ruina financiera. Puedes quedarte con ella, incluso si decides retirarte de nuestro programa. Ahora, antes de pagar un centavo por él, queremos que traigas a tu cónyuge o pareja para que los dos puedan entender lo mismo. Si eres soltero, puedes comenzar el programa tan pronto como quieras».

Un hombre en la fila veinte levantó la mano y dijo:

—¿Tengo que traer a mi esposa?

—No —el presentador respondió—. Simplemente lo recomendamos con el fin de promover unidad en la familia.

—Mi esposa confía en mí con todo su corazón, —respondió el hombre.

—¡Ojalá la mía también lo hiciera! —dijo otro hombre desde la parte posterior de la sala. La gente se rió.

Felipe llenó la tarjeta, tomó la carpeta para llevarle a su mujer, y la invitó a la reunión de seguimiento. De entonces han trabajado diligentemente juntos para asegurar su futuro financiero. Eso fue hace diez años.

Tristemente hoy Juan y su esposa están divorciados. En contraste, Felipe y la suya no tienen ninguna deuda, pero sí, una cuenta de jubilación y propiedades de alquiler.

No voy a culpar al presentador del primer seminario por el fracaso del matrimonio de Juan, simplemente él no tenía un claro llamado a la acción. Les puedo asegurar que tenían problemas matrimoniales mucho antes que asistiera al seminario. Sin embargo, me imagino que si alguien hubiera ayudado a trazar un curso financiero para su futuro, su historia habría sido diferente. Después de todo, las diferencias sobre el dinero son la razón principal por la que la gente se divorcia.[2]

Por eso creo que un llamado a la acción debe ser claro. Debe ser sincero. Debe ser genuino. No tiene que pedir perdón. No puede ser manipulador, pero tiene que ser compasivo. Winston Churchill, Nelson Mandela, Billy Graham, Franklin D. Roosevelt, Mahatma Gandhi, Moisés y Jesús tenían en común algo poderoso: cerraron el trato poderosamente y dieron a la gente un claro llamado a la acción.

Reflexionemos sobre el caso de Juan por un momento. Una vez que dejó el seminario para convencer a su esposa de los méritos del programa, la carga de persuadirla quedó en sus manos. Evite que alguien más lo haga de parte suya. Entiendo que algunas empresas no le permiten hablar directamente con quien toma las decisiones. En su lugar, ellos quieren que se deje la información con un asistente que va a compartirla con la persona que toma la decisión. En la mayoría de los casos, el ayudante no está calificado para hacer la presentación ni tiene el conocimiento del producto para hacerlo. En general, la harán con la mitad de la pasión, la mitad del conocimiento y la mitad de la profesionalidad de la que tiene usted. Así que, cuando sea posible, trate directamente con la persona que tome las decisiones y hágale un llamado claro a la acción.

Dos tipos de llamado a la acción

Cuando está a punto de cerrar un trato, venta, presentación u oferta, es imprescindible que entienda la diferencia entre un llamado suave y uno directo a la acción. Usted debe tener sabiduría para discernir cuál usar en cada circunstancia. Si no le pide a la gente que haga algo en ese preciso momento, es posible que pierda la única oportunidad. Las distracciones interminables de vida casi garantizan que lo va a perder. Por otro lado, si presiona muy fuerte, es posible que cierre la puerta para siempre. Pocas cosas producen más rechazo que un individuo autoritario. Así que utilice la sabiduría y el discernimiento. Un suave llamado a la acción lleva la presentación a un plazo indefinido: «Piénsalo, y déjame saber si deseas seguir adelante». Un llamado directo a la acción pide un compromiso ese mismo día o con un límite de tiempo fijo. Por ejemplo: «Yo puedo mantener esta oferta únicamente por las próximas veinticuatro horas».

Aquí hay algunos ejemplos de un llamado suave a la acción:
- Puedo mandar a envolver este regalo, si quieres.
- ¿Prefieres llevártelo en el color marrón o en el beige?
- ¿Es esto algo que te interesa?
- Quiero saber si te interesa la adquisición.
- Si tienes alguna inquietud, no dudes en preguntarme.

Aquí hay algunos ejemplos de un llamado directo a la acción:
- Te invito a caminar hacia la mesa donde podemos concluir este acuerdo.
- Sugiero la corvina chilena y verduras salteadas.
- Si vas a vencer a la enfermedad cardíaca, debes hacer ejercicio todos los días y comer con sensatez.
- Cindee, ¿aceptas casarte conmigo?
- Si estás dispuesto a dar un paso de fe, entonces debes bautizarte.
- ¿Estás de acuerdo en seguir adelante con este pedido hoy?

Pasos prácticos para convertirse en una persona que cierra poderosamente

Permítame sugerir algunos pasos prácticos que usted puede dar para convertirse en una persona que cierra poderosamente. En primer lugar, comience con una propuesta que tiene altas posibilidades de ser aceptada. No trate de conseguir un contrato multimillonario si nunca lo ha hecho antes. En su lugar, pídales a las personas a en quienes confía si puede compartir algunas ideas con ellos. Sólo acérquese a aquellos que cree que le van a aceptar su oferta. Eso aumenta la confianza, ya que están de acuerdo en seguir adelante con usted. Si dicen que no, puede pedirles que le digan sus razones sin temor de perder la relación. En segundo lugar, visualice hacia dónde desea llevar a su audiencia. Cada vez que hago una presentación, enseño o intento persuadir, me pregunto: ¿Qué quiero que mi público haga como resultado de nuestro encuentro? ¿Qué quiero que compren? ¿Qué acción quiero que hagan? ¿Qué quiero que piensen? ¿A quién quiero que sigan? A veces, yo quiero que ellos acepten y recuerden mis ideas. Otras veces, quiero que siembren dinero en una causa. Otras, quiero que piensen más allá de esta vida y consideren seriamente sus planes para ingresar a la vida eterna.

En tercer lugar, sin tener que gastar demasiado dinero, encienda la televisión y vea un par de infomerciales. Usted notará emerger un patrón en las presentaciones. Ellos resumen un problema, hacen una pregunta obligante, ofrecen una solución convincente, y dan un fuerte llamado a la acción. También se dará cuenta de que su llamado a la acción es directo, sin demasiada presión para el espectador. Usted podría estar diciendo: «Lo último que quiero es sonar como un infomercial». Eso no es lo que estoy sugiriendo. Simplemente quiero que observe la forma en que ellos se comunican y los pasos por donde llevan a sus espectadores.

En cuarto lugar, adquiera las series de audio que tienen que ver con el tema del cierre. Independientemente de su campo, escuchar una serie de enseñanzas sobre este tema será de gran beneficio. Tendrá un impacto positivo en sus ventas, casos legales y liderazgo. Le recomiendo la que antes mencioné, *Grandes secretos de Zig Ziglar para cerrar la venta*.[3] Es una serie de doce discos compactos que usted puede descargar directamente desde la página web.

La esencia de este capítulo no es más que esto: la gente le dará su lealtad, dinero, apoyo o su corazón a cambio de algo que cree que es de igual o de mayor valor. Así que cuando usted dé su llamado a la acción, primero debe haber establecido la necesidad, el deseo y su solución. Una vez que lo hace, puede pedir lo que quiere a cambio. Si ha ejecutado los cuatro pasos descritos en este capítulo: el resumen correcto, la pregunta correcta, la solución correcta y el llamado correcto a la acción, le será difícil a la gente negarse a su oferta. Aquellos que lo hacen con el tiempo se dan cuenta de que tenía la mejor solución y de su intención de ayudarlos.

Como llegamos al fin de este capítulo, quiero desafiarlo a que no se olvide de las otras tres secciones de este libro: Liderazgo persuasivo, Comunicación persuasiva y Soluciones persuasivas. Su material es fundamental para que se convierta en una persona que cierra efectivamente. Continuemos con nuestro viaje al siguiente capítulo y centraremos nuestra atención en los diez cierres más poderosos.

Preguntas para la discusión o reflexión personal:

1. ¿Qué papel juega un resumen exacto para que usted se convierta en una persona que cierra poderosamente? ¿Cómo prepara el escenario un resumen para el siguiente paso en el proceso de cierre?

2. ¿Qué papel tiene el establecimiento de las preguntas correctas para que se convierta en una persona que cierra eficazmente? ¿En qué sentido las preguntas le ayudan a presentar la solución adecuada?

3. ¿Qué tan importante es la solución adecuada? ¿De qué manera la solución correcta lo lleva a reflexionar sobre su integridad? ¿Qué tan importante es la autenticidad en la presentación de una solución para aquellos a quienes quiere ayudar?

4. ¿Por qué es tan importante el llamado a la acción? ¿Cuál es la diferencia entre un llamado suave y uno directo a la acción? ¿Cuándo se debe utilizar uno u otro?

5. ¿Qué es lo más importante que aprendió en este capítulo?

Capítulo 8

LOS DIEZ CIERRES MÁS PODEROSOS

Fue una de las declaraciones más convincentes que había oído. Recuerdo claramente las palabras que pasaron por mi mente cuando la escuché. Me dije: «Es un tipo bien conectado con su hilo dorado». Brian Williams, de Noticias NBC, entrevistó a Tim Cook, el CEO de Apple, Inc., con respecto a las cuestiones que enfrentó cuando se hizo cargo de la empresa después de Steve Jobs. Cook manejaba diplomáticamente las preguntas de Williams, y al final de la entrevista hizo una declaración definitiva que quedó en mí hasta hoy. En relación con el objetivo de Apple, dijo: «Todo nuestro rol en la vida es darte algo que no sabías que querías. Y luego, una vez que lo tengas, no puedes imaginar tu vida sin él».[1] Esa es una declaración persuasiva. No trabajo para Apple ni he recibido ninguna recompensa de parte de la empresa. Sólo la historia podrá determinar si la organización cumplirá ese objetivo. Usted podría preguntarse: «¿Qué está tratando de vendernos con tal afirmación?» En pocas palabras, él vende convicción corporativa. Lleva a la gente hacia las decisiones transformadoras relacionadas con la marca Apple y sus productos y servicios. ¿Fue su declaración vigorizante? No. ¿Fue dinámico o fino? De ningún modo. Fue claro y directo, nada más.

El cierre más eficaz no tiene complicaciones o incidentes. Cuando la gente reflexiona sobre un excelente cierre, se rasca la cabeza y dice: «¡Qué sencillo fue llegar al cierre de nuestro trato!». Créame, cuando conduce a alguien a una decisión transformadora, no quiere que las cosas sean turbulentas y volátiles, sino que no tengan fisuras. Espero que se vuelva tan eficaz en el cierre que la gente se pregunte cómo lo hace.

Algunos expertos dicen: «Cierre temprano, cierre a menudo, pero nunca cierre demasiado tarde». No estoy de acuerdo. Eso es un enfoque de escopeta, es como tirar tiros al aire e intentar casualmente pegarle a algo. Es necesario ser enfocado para llevar a la gente a tomar decisiones transformadoras. En cambio pienso que el mejor momento para cerrar el trato es el momento correcto. Para detectar el momento correcto, es necesario el uso del discernimiento y de la sabiduría. Como todo lo demás que hemos discutido, el discernimiento es una habilidad que desarrollamos.

A lo largo de este capítulo, usted descubrirá algunos secretos que le darán la sabiduría que necesita para convertirse en una persona que cierra eficazmente. Independientemente de su campo, si pone en práctica las cosas que se discuten en las siguientes páginas, se volverá más hábil en llevar a la gente hacia las decisiones importantes.

1. El cierre de la puerta cerrándose

Le dije a mi agente de bienes raíces: «Aquí está nuestra oferta y una breve lista de las condiciones que consideramos que deben ser resueltas. Por favor, dígale al vendedor que voy a honrar la oferta hasta las cinco de la tarde. Después de eso, vamos a buscar una casa en otro vecindario».

La oferta era cinco por ciento menos que el precio de venta, pero lo hicimos en un momento cuando los vendedores estaban aceptando propuestas competitivas y más altas que el precio de venta. Al mediodía, nuestro agente de bienes raíces no había recibido ninguna llamada. A las 3:00 p.m. no había indicios de que el propietario aceptara nuestro ofrecimiento. Por último, mi agente de bienes raíces llamó a las 4:30 p.m. y dijo: «La agente de bienes raíces del vendedor acaba de llamar. Está reuniéndose con él ahora. Sugiero que esperemos hasta que hayan terminado de hablar antes de que retiremos la oferta». Estuve de acuerdo. Finalmente, a las 5:15 p.m., nuestra agente llamó con la noticia:

—La casa es tuya si la quieres.

—¿Eso es todo? ¿No hay contraoferta?

—No, —dijo.

—¿Él aceptó la responsabilidad de reparar todas las cosas que figuraban en nuestra lista?

—Sí

Nunca sentí que nuestra oferta fuera injusta, pero sí me sorprendió que el vendedor respondiera favorablemente, considerando la alta demanda de viviendas en ese vecindario. Aunque había visto *el cierre de la puerta cerrándose* antes, nunca comprendí plenamente la importancia del uso del límite de tiempo en la negociación. Quedó claro qué tan importante es el tiempo cuando tomamos decisiones que implican el intercambio de dinero. Una oferta de tiempo limitado o una ventana de oportunidad que se está cerrando da un sentido de urgencia cuando tomamos decisiones transformadoras.

¿Ha escuchado alguna vez las frases?: «Esta es una oferta por tiempo limitado. A la venta hasta agotar stock. El cupo es limitado. Llame ahora antes de que sea demasiado tarde. ¿Quién sabe si te va a atropellar un camión cuando sales por la puerta?». La certeza de una puerta que se cierra es eficaz para los representantes de ventas que quieren mover su inventario. Sirve para los maestros que quieren motivar a los alumnos a entregar su trabajo a tiempo y para los que recaudan fondos para proyectos con fecha de inicio. Es eficaz para cualquier persona que persuade a otras a enfrentar un límite potencial de tiempo.

Cada vez que usted presenta una oportunidad que tiene una fecha límite, la gente se siente incitada a aprovecharla. Se trate de una venta después de la Navidad o de la decisión de aprovechar un crucero a último momento, la urgencia motiva a la gente a ponerse en acción.

Si está recaudando fondos, comunique a los quienes lo apoyan, el plazo de su proyecto y la fecha de cierre. Si está en ventas, sea claro sobre cuándo vence su venta u oferta. Si enseña, anuncie que no va a aceptar ninguna tarea tarde. Si hay un límite de tiempo, sea directo al respecto.

El tiempo es algo sumamente valioso. Una vez que lo gastamos, nunca podremos recuperarlo. Por eso cuando usted dice: «¿Quién sabe cuándo vamos a ver esta oportunidad sin precedentes de nuevo?» o «Los precios nunca serán tan bajos otra vez», o «Las tasas de interés nunca serán tan bajas en nuestra vida», eso conecta la oportunidad directamente al valor.

2. El cierre del punto de encuentro

«Tengo poco que perder y mucho que ganar, pensé. Esto parece una gran oportunidad».

La red radial me llamó y me dijo:

—Nos gustaría que tengas un programa en el aire de nuestra frecuencia. ¿Qué piensas?

—Me encanta la idea. ¿En qué horario?

—Desde la 1:30 p.m. hasta las 2:00 p.m.

—¿Qué día de la semana?

—Todos los días, de lunes a viernes.

—Disculpa, —dije—. ¿Te refieres a cinco días a la semana?

—Correcto.

De repente, mi entusiasmo se convirtió en intimidación. La responsabilidad de salir con horas de contenido de radio cada semana parecía desalentadora, y hasta imposible. «¿Cómo puedo hablar extemporáneamente cinco días a la semana, doscientas cincuenta veces al año, a más de un millón de oyentes?», me pregunté a mí mismo.

—¡Ojalá pudiera, pero estoy muy ocupado! Sé que me estás regalando tiempo en el aire y el público es muy numeroso a través de cuarenta estaciones que retransmiten, pero no tengo lo necesario».

Tres semanas después recibí otra llamada desde el administrador de la cadena:

—¿Estarías dispuesto a compartir el programa con otro anfitrión?, —preguntó—. Podrías participar tres días una semana y luego dos, en la siguiente. Se podrían turnar.

Después de pensar en su oferta, estuve de acuerdo. Sabía que el impacto sería enorme. Era una oportunidad para llegar a millones de personas al año. Aunque el compromiso era grande, me parecía que valía la pena, así que tomé la decisión de seguir adelante. Al cabo de dos semanas, había compartido casi todo el material de mis libros. De alguna manera, sin embargo, apenas alcanzaba a reunir el material que necesitaba cada semana para el programa.

Siete meses después, el otro anfitrión llamó para decirme: «Jason, mi esposa y yo nos mudamos a la Florida. El programa es todo tuyo». Mi corazón se hundió.

El propietario de las tres estaciones más grandes en la red me había llamado y dijo: «Jason, si podemos ayudarte a producir el programa de manera que no tengas que invertir más de una hora al día, ¿considerarías ser el único anfitrión? De esa manera, la tarea no sería tan abrumadora».

El precio que tenía que pagar era una hora de mi tiempo cada día. La recompensa era la oportunidad de comunicarme con un millón de personas sobre los temas que yo consideraba que eran vitales. El propietario me hizo una oferta y propuso que nos encontráramos en un lugar céntrico cercano en distancia para los dos. Cuando vi claramente que el beneficio compensaría el costo, me comprometí. Desde entonces, he transmitido más de mil setecientos cincuenta programas.

El cierre del punto de encuentro es un lugar virtual donde su cliente se compromete a reunirse con usted, si puede proporcionarle un medio para que llegue a ese lugar. Dice: «Si pudiera mostrarle cómo este dispositivo puede ahorrarle tiempo y dinero, ¿estaría dispuesto a comprarlo?». Si el cliente dice que sí, entonces usted necesita demostrar cuánto tiempo y dinero puede ahorrar.

Este enfoque es la esencia de la persuasión. Cuando la gente ve que el beneficio para algo es mayor que lo que va a costar (económica, emocional, psicológica, espiritual, física o cronológicamente), hará el intercambio. Así que ayude a su cliente a ver cómo los beneficios superan los costos y expréseles que con mucho gusto lo esperará en el punto de encuentro.

3. El cierre del regalo inesperado

¿Recuerda a Steve Harrison de la Cumbre nacional de publicidad? Él me dijo:

—Vende a la gente lo que quiere, y dale lo que necesita.

—Pero Steve, ¿no deberíamos venderle a la gente lo que necesita?, —le dije.

—No. La gente va a comprar lo que quiere. Tal vez compre lo que necesita o no. Así que dales lo que necesita cuando se puede, me respondió.

Su filosofía era muy acertada. ¿Cuántos de nosotros compramos lo que realmente necesitamos? ¿Cuántos de nosotros corren cuatro kilómetros cada día? ¿Cuántas personas asisten fielmente a la iglesia, visitan al médico una vez al año, cepillan sus dientes, usan el hilo dental después de cada comida y duermen ocho horas diarias? La gente va de mala gana al médico. Come de mala gana sus verduras. Compran de mala gana la gasolina. Nadie se entusiasma en cuanto a estas cosas, pero las necesitamos.

Al entregar una presentación, hacer una venta, resolver un caso fuera de los tribunales o negociar un tema de mucha importancia, ofrézcales lo que quieren. Luego, deles lo que necesitan como una recompensa. Cuando les damos lo que necesitan los ayudamos a resolver un problema que está en el fondo de su mente. Este acercamiento brinda un beneficio inesperado durante el cierre que hace que lo que usted ofrece sea difícil de resistir. Probablemente ha escuchado la frase: «¡Espera, hay más!» o «Si lo compras ahora, vamos a incluir este artículo gratis como un bono adicional». Usted puede llamarlo un «incentivo» o «atractivo». El resultado final es el mismo. Al llevar a las personas hacia una decisión transformadora, les ofrece algo adicional que ellos no esperaban que los beneficiara.

En los últimos minutos de los discursos de Steve Jobs cuando anunciaba nuevos productos de Apple, decía: «Hay una cosa más». Fue una recompensa añadida tal que a la audiencia le costaba decir: «No me interesa». Esa fue la frase que Steve usó para introducir el iMac, la computadora portátil, el monitor, iPod, Apple TV, iTunes tienda musical y las computadoras de escritorio. Ya sea que usted es un aficionado a Apple o no, es difícil refutar que Apple creó de cinco mil millones de dólares de ingresos, en la década de 1980, y se convirtió en la empresa más grande del mundo en el año 2013 de acuerdo con el Financial Times.2

Cuando va a contratar a alguien o a solicitar un trabajo, si le parece que hay algo que puede hacer para inclinar la balanza a su favor, revele su ventaja inesperada cuando la negociación está a punto de terminar. Esto podría incluir declaraciones como: «Quería mencionar que también soy bilingüe» o «Si usted hace un compromiso para comprarlo hoy, voy a incluir el envío sin costo».

Algunas empresas o representantes nunca negocian precios ni términos del trato, ni dan un bono inesperado. Sienten que el hacerlo disminuye el valor de su producto, servicio o idea. Sin embargo, todo cliente en cualquier mercado, quiere algo, ya sea un buen trato o una ganga. Así que prométale menos y entréguele más. Deles más de lo que esperan y volverán a comprar, a contratarlo como asesor o a inscribirse para su próximo curso.

4. El cierre sin tonterías

Como ya he mencionado en el capítulo 2, en un momento llegué a una de las encrucijadas más importantes de mi vida. Tenía que perder más de sesenta libras. No sólo tenía sobrepeso y me sentía miserable, sino que mi presión arterial y mi colesterol estaban demasiado altos para mi edad. El médico me aseguró que no conocería a mis nietos si no cambiaba el curso de mi vida. ¡Qué cierre persuasivo!

Recuerdo dos temas que particularmente me motivaron. El primero fue: «¡Hazlo ya!» de Nike (en inglés: Just Do It). Fue un recordatorio inequívoco y fuerte de que no tenía excusas. El segundo fue una cartelera que decía: «¿Cuándo es el mejor momento para ponerse en forma?». A decir verdad, la respuesta fue y es: «Ahora». Si digo: «En un mes», no soy honesto conmigo mismo. El mejor momento para cuidar de mi cuerpo es hoy. Esta segunda frase señala un cierre que es uno de los más básicos pero eficaces. Usted puede aplicar este principio a casi todos los campos. Yo lo llamo el cierre sin tonterías. Declara lo que es obvio. Está basado en datos objetivos y es práctico. Así es como funciona. Una vez que haya establecido la validez de su idea, producto o servicio, haga tres preguntas sencillas:

La primera es: «¿Puede ver cómo esta dieta lo ayudará a ponerse en forma?». Si la persona está de acuerdo, hágale la segunda pregunta: «¿Está usted interesado en estar en forma?». Si su respuesta es afirmativa, entonces la pregunta del cierre es: «Si quisiera ponerse en forma, ¿cuándo sería el mejor momento para comenzar?». Esta es una forma efectiva de ayudar a la gente a moverse más allá del descuido.

Este enfoque funciona bastante bien cuando se presenta un producto o una idea que ahorra tiempo y dinero. En la primera pregunta, simplemente cambie la palabra «dieta» por cualquier producto o idea que usted ofrece. En las siguientes, cambie «ponerse en forma» por «ahorrar dinero» o «tiempo». Si su cliente es honesto, en la mayoría de los casos, la respuesta será «ahora». Experimentará la misma sensación que se apoderó de mí cuando leí la cartelera que decía: «¿Cuándo es el mejor momento para ponerse en forma?». Yo sabía que no hay mejor momento que ahora para recuperar la salud.

Cuando se enfrentan con la verdad, a las personas no les gusta pensar que están descuidando algo beneficioso para su empresa, para su familia o para ellas mismas. Si no avanzan con su sugerencia, probablemente tengan una objeción oculta que usted no ha descubierto. Puede hacerlo, preguntando qué incertidumbre previene la aceptación de su oferta.

5. El cierre de visualizar

El orador lo dijo sólo una vez, pero capté su sutil predicción: «Hoy, más de la mitad se inscribirá en este programa». La presentación era buena, pero no excelente. En cuarenta y cinco minutos habló de los principios que le ayudaron a cambiar su vida. Bajó de peso, se sanó de varias enfermedades y salió de las deudas. Sin embargo, lo más importante que hizo fue pintarle un cuadro a su público acerca de cuánto se beneficiarían con su sistema.

«Imagina entrar en una tienda y comprar cualquier cosa que te gusta, —dijo—. Imagina tener el dinero para comprar las cosas que quieres cuando quieres. No tengo dudas de que lo lograrás si utilizas mi sistema. Esa es la vida que tendrás dentro de un plazo de veinticuatro meses».

Ahora, sé que todo el mundo quiere estar delgado, saludable y tener dinero en el banco. Pero aun así, en una escala de 1 a 10, yo le habría dado a su presentación un 7 como nota. No creí que fuera lo suficientemente atractivo para motivar a la mitad del público a pagar cuatrocientos noventa y cinco dólares por un libro y la serie de audio. Pero me equivoqué totalmente.

Cuando terminó, casi el setenta por ciento de las ciento cincuenta personas que asistieron se acercaron a las cinco mesas para darle un cheque o una tarjeta de crédito. ¡Eso es más de cincuenta mil dólares! Entonces dije: «Algo debo haberme perdido». Y empecé a analizar su presentación. Me di cuenta de que él ayudó a la gente a visualizar y a experimentar los beneficios de su sistema. Más importante aún, experimentaron la sensación que se produjo como resultado de la visualización. Una vez que la gente se imagina experimentando los beneficios de un producto o servicio, es fácil tomar posesión de ello.

Mientras el llamado a la acción no es complicado, seguirán los pasos para obtener lo que quieren.

Declaraciones como: «Imagínate vivir tu jubilación sin ningún temor a tener que reducir tu nivel de vida». O «Imagínate la tranquilidad de saber que tu esposa y tus hijos andarán en un vehículo que tiene el mejor registro de mantenimiento en la carretera». O, «¿Deseas estar siempre feliz, sano y razonablemente próspero? Bueno, este plan puede ayudarte a conseguir tales cosas».

Permítame subrayar la importancia de ser una persona de integridad. Recuerde, la persuasión que no es genuina es manipulación. Sólo presente algo si usted está convencido de que es la mejor solución para aquellos a quienes desea servir. Sea sincero. Sea honesto. Ayude a sus clientes potenciales a visualizar cómo su plan o producto puede cambiar sus vidas, pero sólo si es realmente beneficioso.

Ya sea que recaude fondos, predique en las iglesias, venda productos o servicios o motive a los estudiantes de secundaria a prepararse para la universidad, el enfoque de la visualización ayuda a las personas a verse en un lugar mejor en el futuro y hace su llamado a la acción mucho más fácil.

6. El cierre de Sherlock Holmes

Recientemente me senté con la junta directiva de una de las iglesias más grandes de Estados Unidos. Ellos estaban pasando por una situación bastante difícil. Su pastor fundador tenía una edad muy avanzada. Los ingresos financieros fueron disminuyendo y su base de donadores estaba desapareciendo rápidamente. Debido a eso, estaban al borde de la quiebra.

—Jason, ¿cuál es tu consejo para nosotros?, —me preguntaron.

—Me parece que necesitan volver a descubrir su propósito —le dije—. Díganme, ¿por qué existen?

—Nuestra iglesia existe para el programa de televisión.

Un poco perplejo por su respuesta, puse «cara de póker» y les hice la siguiente pregunta: «¿Por qué existe el programa de televisión?».

Durante unos minutos se miraron los unos a los otros y pronunciaron una frase o dos que casi no parecían ser conectadas a la pregunta.

Continué:

—Parece que se les ha olvidado su misión. Todos los problemas que están enfrentando han causado que su visión se nuble. ¿No existe para darle un mensaje de esperanza a la gente?, les pregunté.

—¡Sí! Eso es lo que nuestra misión hace, ayudar a la gente con un mensaje de esperanza, uno de los directores dejó escapar la frase.

—Es probable que no quieren oír esto —dije— pero si quieren rescatar esta organización multimillonaria, su entidad necesita un enfoque, una misión y una sola persona en el timón.

—Pero queremos algo diferente. Queremos que un equipo dirija la organización. Todos los libros de negocios se refieren a la aplicación de un nuevo estilo, —añadió uno de los miembros.

—Una aerolínea tiene un grupo que controla la mayoría de las acciones. Juegan el papel del propietario. Hay también una junta directiva, vicepresidentes, mecánicos, y asistentes de vuelo, —le contesté— pero cuando despega el avión, todo se reduce a un piloto que decide qué hacer con la aeronave. En su caso, ustedes no quieren tener un predicador diferente cada domingo, sobre todo cuando la congregación ha tenido un orador dinámico durante los últimos treinta y cinco años.

—Pero ¿qué pasa con esos modelos de negocio que defienden el liderazgo de equipo? —preguntó un miembro.

—¿Cuántos de esos autores tienen experiencia en el mundo real de una iglesia local? —le pregunté—. ¿Hay un modelo así que haya trabajado en una iglesia o en una organización sin fines de lucro con un presupuesto de veinticinco millones de dólares?

El director guardó silencio.

—Ustedes han llamado a algunos de los más grandes comunicadores de los Estados Unidos para dirigir a la congregación, pero eso no es lo que se necesita. Ninguno de ellos demostró la capacidad de captar su visión, ni tampoco las destrezas para comandar esta nave. En vez de buscar fuera de la iglesia, consideren a algunos de sus miembros en quien confían, que entiende la visión, y tiene el compromiso de llevarlos más allá de la tribulación. Cuando hayan eliminado todos los demás candidatos, entonces el que todavía no ha sido excluido, no importa lo improbable, es el que ustedes necesitan para confiarle el liderazgo.

El fundador, junto con todos los demás en la sala, miraron a una persona, el hijo del fundador. Estaba comprometido con la visión, pero siempre era pasado por alto. Fue instruido pero nunca tuvo la oportunidad. La gente lo amaba, pero debido al carisma de su padre, él tenía dificultad para distinguirse por él mismo.

A veces la mejor solución es la más obvia. Y a veces lo más obvio está justamente debajo de nuestra nariz, pero a causa de que todas las ideas que compiten, no hemos podido verlo. Por eso tenemos que ayudar a la gente a ver lo que podría ser obvio para nosotros, pero invisible para ellos. Si nuestro objetivo es llevar a las personas a tomar decisiones transformadoras, tenemos que ayudarles a eliminar lo imposible para que puedan ver la mejor opción restante.

¿Por qué me refiero a esto como el cierre de Sherlock Holmes? El Sr. Holmes dijo en más de una ocasión: «Cuando has eliminado lo imposible, lo que quede, por improbable que parezca, debe ser la verdad». Esto es nada menos que la mejor solución para un proceso de descarte. A veces las personas tienen dificultades para ver la alternativa clara. En su mente, ciertas cosas son imposibles, improbables o no valen la pena. Los paradigmas se nublan con las ideas y las emociones compiten. El enfoque de Sherlock Holmes es un cierre que ayuda a nuestros clientes, seguidores, y a quienes queremos servir a que abran su mente a las posibilidades y así se arroja luz sobre la situación. Así que cuando se utiliza este cierre, se puede decir: «Aquí hay otra opción que podríamos considerar». O, tal vez, usted podría decir: «Parece que nuestras opciones se reducen a una o dos». Ya sea que usted esté trabajando en un caso de tribunal, en un punto crucial del debate o en desafiar a los estudiantes a pensar de forma diferente, el cierre de Sherlock Holmes (eliminación de lo imposible) funciona bien para llevar a la gente hacia una decisión que de otro modo nunca consideraría.

7. El cierre de la verdad indiscutible

«¡Cincuenta mil dólares por papel y tinta! —exclamó el agente de compras—. Tienes que estar bromeando.» Esa fue su reacción cuando le mostré la cotización de los cheques de nómina. La empresa era un importante fabricante de mi territorio. Sus directivos siempre pidieron que tres compañías competidoras presentaran sus presupuestos. Nuestro precio era un treinta por ciento más alto de lo que le pagaron a uno de nuestros competidores el año anterior.

—¿Cómo justificas el costo?, me preguntó.

Lo miré en los ojos con total sinceridad y le dije:

—Yo sé que nuestro precio es más alto. Déjame decirte por qué. La calidad es nuestra reputación. Es nuestro principal activo. Es nuestra prioridad. Durante todos los años que he trabajado para esta organización, nunca he escuchado que un cliente se queje de nuestra calidad. Con tu permiso, me gustaría hacerte una pregunta.

Él asintió con la cabeza.

—¿Cuánto te costó el percance anterior con sus cheques de nómina, en términos de tiempo de inactividad, dolores de cabeza de los empleados, la impresión, y daños en la impresora?

Se quedó en silencio.

—No tienes que responder a eso, —le dije—. Yo diría que le costó mucho más que la cifra escrita en la hoja frente a ti. Confío plenamente en que nuestros cheques de nómina funcionarán perfectamente con su software y con sus impresoras; y si no, vamos a cubrir el costo de reemplazarlos y reparar cualquier daño que causen a su sistema.

Entonces hice una declaración basada en algo que no podía ser refutado.

—Yo preferiría justificar un precio más alto y, con toda confianza, compartir con ustedes nuestro compromiso de calidad para que pueda tener la paz mental, a pedir disculpas por la mala calidad y la incompetencia sin precedentes, como nuestro competidor tiene que hacer. ¿No le parece?

El agente de compras aprobó la cotización y emitió una orden de compra. Cuatro semanas más tarde, recibí una llamada telefónica.

—Vamos a ver qué tan comprometido estás con la calidad, —dijo la voz al otro lado del teléfono.

Era el agente de compras.

—¿Qué quiere decir? —le pregunté.

—Recibimos los cheques, —dijo—. ¡Son del color equivocado!

Eso no era lo que yo quería oír.

—¿Los cheques funcionan en la impresora?

—Sí.

—A pesar de que son del color equivocado, ¿puede usarlos hasta que podamos reemplazarlos por los correctos?

—Sí.

—Creo que tengo una solución que va a funcionar a su favor: Use los primeros dos mil quinientos cheques. Mientras tanto, me pondré en contacto con nuestra fábrica para que vuelvan a imprimirlos en el color correcto empezando por el número de cheque siguiente al que tiene el último de esos dos mil quinientos que les estamos regalando. Quiero que sepa que su negocio es importante para nosotros, y que estamos comprometidos con su satisfacción.

Después de investigar lo que pasó, descubrimos que en realidad el cliente anotó el número de color incorrecto. Nuestra fábrica imprimió lo que le dijeron que imprimiera, pero el cliente no estuvo satisfecho. Más tarde, cuando le mostré el color que él originalmente especificó, reconoció su error y se disculpó. Entonces dijo: «Ahora veo por qué su precio es más alto que sus competidores, y le agradezco por su compromiso con la calidad».

El cierre de la verdad indiscutible es poderoso. La declaración: «¿No le parece que?», seguido de una verdad indiscutible establece la verdadera prioridad cuando nuestro objetivo es persuadir a los demás. Otros ejemplos incluyen: «¿Estaría de acuerdo en que el hecho de que su familia no

LOS DIEZ CIERRES MÁS PODEROSOS

perdería su casa es digno de la inversión de una póliza de seguro de vida?» O: «¿No le parece que es mejor pagar un poco más de lo que esperaba que menos de lo que debiera?»[2] Uno de los dichos favoritos que aprendí de Zig Ziglar es: «Es más fácil explicar el precio una vez que disculparse por la mala calidad o por el servicio para toda la vida».[3]

8. El cierre de los antecesores

Fue uno de los mejores recaudadores de fondos que jamás haya conocido. Tenía una gran habilidad para hacer que todos sintieran que estaban contribuyendo con el proyecto más importante del mundo. Había cerca de doscientas cincuenta personas que se sentaban en el salón de banquetes. Acabábamos de terminar una buena cena cuando comenzó su historia convincente. Concluyó su discurso diciendo: «Hace muchos años, los pioneros cruzaron los Estados Unidos y fueron disparados con flechas. En medio de un mundo que no perdonaba, establecieron una nueva forma de vida. Hoy, tú y yo disfrutamos de una vida mejor, porque aquellos que iban delante de nosotros abrieron el camino».

Luego dijo: «Casi la mitad de todos los hombres y un tercio de todas las mujeres serán directamente afectados por el cáncer en su vida. De la misma manera que los pioneros iban delante de nosotros, yo les pido que abran el camino para aquellos cuyas vidas podemos mejorar. Su regalo de hoy puede salvar una vida mañana. Los pioneros sabían que tú y yo seguiríamos sus pasos. Ya sabes que los demás nos seguirán. Vamos a trabajar juntos para eliminar los efectos mortales de cáncer. Por favor entregue una generosa contribución al...». Entonces nombró la organización.

Hubo un cambio notable en el ambiente del salón de

banquetes. Los mozos dejaron de servir. Las personas cuyos seres queridos habían luchado contra el cáncer secaron las lágrimas de sus ojos. No se podía oír el ruido metálico de un solo plato o vidrio. En cambio, la gente arrancó cheques de sus chequeras. Hubo una abrumadora sensación de que estábamos participando en una de las misiones más significativas de la sociedad, dar dinero para ayudar a salvar vidas.

Pedir a la gente que dé dinero a cambio de un sentimiento es siempre un desafío. Cuando las personas dan para una obra de caridad, no tienen la misma euforia que cuando colocan la caja del televisor de pantalla grande en la parte posterior de su camioneta o cuando ven la mirada en los rostros de sus hijos al regalarles la más reciente consola de videojuegos. Lo que ellos reciben de su donación caritativa es un sentimiento de ayudar, de plenitud.

La recaudación de fondos no es fácil, pero puede ser gratificante. El cierre de los antecesores es eficaz para la recaudación de dinero en las organizaciones sin fines de lucro. Es un poderoso cierre que muestra la continuidad de valores de generación a generación.

Si usted está recaudando capital para una empresa que está comenzando, este enfoque también puede ser eficaz. Cada vez que usted pida a la gente invertir su capital en un negocio, va a querer dos cosas principales: un buen rendimiento de las inversiones y que se le devuelva su dinero tan pronto como sea posible. Siempre que se cumplan estos dos requisitos, las personas preferirán invertir sus fondos en un proyecto que piensan que va a hacer una diferencia y que arroja una luz positiva sobre ellas. Al ilustrar la forma en que invirtieron los predecesores, es importante que usted muestre cómo esas inversiones han afectado vidas hasta la actualidad. Luego motive a sus benefactores para financiar su esfuerzo porque tendrán un gran impacto en las generaciones futuras.

Si usted recauda fondos para un nuevo edificio de la iglesia, por ejemplo, puede decir: «Hace años, la gente dio dinero para que pudiéramos tener un lugar para reunirnos. Sembraron creyendo que usted y yo vendríamos a este lugar a adorar. Y tenían razón. Usted y yo estamos aquí. Ahora quiero pedirle que siembre para _____ (nombre del nuevo proyecto) creyendo que las futuras generaciones vendrán y tomarán decisiones transformadoras».

Nos encanta ser parte de un proceso continuo que hace una diferencia. Cuando nos sentimos conectados a una gran oportunidad, empresa o misión, con mucho gusto sembramos nuestro tiempo y dinero para que la causa avance. Dele a la gente la posibilidad de ver cómo puede ser parte de algo histórico y significativo, y va a tomar una decisión transformadora.

9. El cierre de prueba de manejo

Tan pronto como me puse el traje, salí del probador, y vi la cara de mi esposa, yo sabía que estaba en problemas. Hice todo lo posible para sabotear la compra. Costaba más de lo que yo quería gastar. Íbamos de compras a una tienda a la que hubiera preferido no ir. A decir verdad, el traje era precioso. Yo nunca había visto un corte tan maravilloso. Pero ¿le mencioné que costaba más de lo que quería gastar?

Una vendedora profesional llamada Yoshie se nos acercó y dijo: «¡Qué traje más fino!». Obviamente, ella no estaba ayudando a mi causa. Sonreí ligeramente y volví al probador.

Cuando salí, Yoshie me preguntó:

—Bueno, ¿qué le pareció?

—El traje es precioso. Yoshie, eres una buena representante

de ventas, pero tengo que hablar de esto con mi esposa.

Yoshie dijo:

—No hay problema. Tómese todo el tiempo que necesite.

Sabía claramente que cuanto más tiempo ese traje estaba en mi cuerpo, era más probable que lo comprara. Ella se retiró a unos siete metros de distancia y me dio la privacidad que solicité.

Miré a Cindee y dije en voz baja:

—No creo que me sienta cómodo comprando este artículo.

Con una mirada de asombro en su rostro, mi esposa me preguntó:

—¿Qué quieres decir? Te diriges a grandes auditorios. Sales en televisión. Haces presentaciones importantes. Yo sé que no es barato, pero creo que por lo que haces, necesitas un traje como este.

—No lo sé, cariño, —le dije.

—Te diré algo —respondió Cindee—. Ponte la chaqueta del traje una vez más y dale una nueva mirada.

Regresé al probador y me puse el saco italiano por segunda vez. Me estaba acostumbrando a todo el refuerzo positivo. Cuando me miré en el espejo, comencé a verme a mí mismo en la forma que mi esposa y los otros en la tienda me veían. Más importante aún, comencé a sentir algo. Con ese sentimiento surgió un sentido de propiedad.

Entonces mi esposa me dijo:

—Cariño, creo que debes comprar el traje; pero si no lo quieres, podemos ir a otro lugar y buscar otro barato.

Luego de eso, Yoshie volvió y dijo:

—¿Cómo se siente en ese hermoso traje?

Adivina qué pasó después: me compré el traje.

¿Alguna vez ha visto a un niño que juega con un juguete en

una tienda de niños, y la mamá dice: «Es hora de irnos. Suelta el juguete»? Si el niño ha jugado con el artículo por más de cinco minutos, por lo general organiza una protesta fuerte o, en algunos casos, un ataque de histeria. Nadie quiere ser el malo de la película, especialmente un padre que tiene que arrancar un juguete de las manos de su hijo y dárselo de nuevo al vendedor. No es un espectáculo agradable. ¿Por qué es eso? Una vez que un niño tiene el juguete por un tiempo, toma posesión de él. Se une emocionalmente a él.

Uno de los mejores enfoques es el cierre de prueba de manejo. Esa es precisamente la razón por la que los concesionarios de automóviles permiten a las personas conducir un vehículo antes de efectuar la compra. Esto también es cierto en la mayoría de las tiendas de ropa.

Según el *NY Daily News*, se devuelve casi el cincuenta por ciento de la ropa que se compra en Internet. Sin embargo, sólo el treinta por ciento de la que se adquiere directamente en una tienda. ¿Cuál es la diferencia? Las personas experimentan una prueba de manejo en la tienda. Entonces, ¿por qué las empresas permiten a la gente probarse la ropa? Los compradores tienen más probabilidades de salir de una tienda con la prenda que quieren. Eso significa que se gastan millones de dólares en estas tiendas porque la gente tiene la libertad de probar el producto antes de gastar el dinero. Además, una política de devolución da a la gente una mayor tranquilidad de que pueden cambiar de opinión más tarde.[4]

El enfoque del cierre de prueba de manejo también da a la gente tranquilidad. El puente no se quema cuando salen por la puerta. Muchos dispositivos electrónicos, aparatos de cocina, y ciertas ferreterías vienen con una póliza de devolución que se llama «remordimiento del comprador». Esto es nada menos que un cierre de una o dos semanas, o de un mes, dependiendo del fabricante.

Si usted puede ofrecer a sus clientes o compradores una ventana de oportunidad en la que pueden probar lo que usted ofrece, será mucho más probable que tomen posesión de ello y que aprecien su adquisición. En la mayoría de los casos, se quedarán con el producto durante la duración de su utilidad.

10. El cierre del precedente

Le pregunté al representante:

—El broche indica la ciudad de donde vienes. Dime, ¿por qué te mudaste de Lansing, Michigan, a Las Vegas?

—Trescientos diez, —dijo.

—Trescientos diez, ¿qué? —le pregunté.

—Trescientos diez días de sol.

Miró hacia abajo por un momento para continuar registrándonos en nuestra habitación del hotel, y luego añadió:

—Ya sabes, de donde vengo hay ciento ochenta días de cielo nublado.

Nunca lo había pensado de esa manera. Como nativo de California, tenemos muchos días de cielos despejados (y de sequía), pero nunca se me ocurriría mudarme sólo porque el tiempo era más soleado. Sin embargo, el clima de Las Vegas le gana al del sur de California. Hay algo digno de atención en un clima que es tan consistente. Las Vegas es famosa por muchas cosas, algunas de ellas son admirables, otras no tanto. Desde su inicio en 1911 ha crecido de manera exponencial. La razón es que tiene un fuerte precedente que nunca cambia. El tiempo dio lugar a un aumento masivo en la construcción de hoteles con enormes buffet. El juego fue legalizado en 1931 y la construcción de la presa Hoover terminó en 1935. Esto dio paso a la continua expansión y crecimiento. La consistencia en el tiempo es lo que dio a Las Vegas su fundación. Esta es una de las razones por las que la gente escoge ir de vacaciones allí y las empresas tienen sus conferencias en ese lugar. ¿Por qué tantas personas viajan de todas partes del mundo para vacacionar en medio del desierto? Si usted quisiera estar en un lugar donde el clima es cálido, seco y soleado, y que tiene una gran cantidad de actividades, ¿en qué ciudad pensaría?

Un precedente consistente es la base para un cierre poderoso que dice: «Algunas cosas nunca cambian». Este cierre revela una historia constante.

Echemos un vistazo a las siguientes frases: «Esa es la forma en que siempre lo hemos hecho. Si no está roto, no lo arregles. ¿Por qué romper los precedentes? Eso es lo que ha funcionado en el pasado. Vamos con lo que funciona».

Cuando los abogados tratan un caso por ejemplo, utilizan el enfoque del antecedente en cada oportunidad. Ellos investigan cada caso judicial precedente y toman decisiones similares en las circunstancias. Luego, cuando encuentran similitudes fuertes, se lo presentan a la corte como evidencia para que el juez o el jurado decidan a su favor. Cuando un juez y un jurado ven un precedente, sienten el peso de tomar una decisión que es congruente con las decisiones anteriores.

El cierre del precedente funciona bien en el debate, los negocios, las leyes, la enseñanza, y en casi cualquier área donde su objetivo es persuadir a la gente. Si usted está vendiendo servicios, puede utilizar una declaración como: «Durante casi setenta y cinco años hemos ayudado a las familias de esta comunidad a resolver sus problemas de riego». O, «Considerando su historial de compras con nosotros, usted pide diez libras de chocolate oscuro cada temporada de vacaciones.

¿Desea continuar con su tradición?». Y, «Entiendo su interés en hacer algo creativo, pero si rompe con el precedente podría poner su fecha límite en riesgo».

Cada uno de los cierres mencionados en este capítulo es único, pero todos tienen una cosa en común. Deben ser contextualizados para satisfacer sus necesidades y campo de experiencia. Por favor, no repita textualmente las frases que brindo como ejemplo, pero examine su intención y luego cambie el texto adaptándolo a sus necesidades específicas.

Estudie algunas de las personas persuasivas que conoce. Pregúntese por qué son tan convincentes. ¿Por qué la gente sigue sus consejos? ¿Por qué son atractivos? Probablemente saben cómo cerrar con eficacia y, con esa habilidad, vienen resultados impresionantes.

A lo largo de este capítulo, hemos visto los diez cierres más poderosos. En primer lugar, con el cierre de la puerta que está por cerrarse, nos enteramos de que cuando la gente siente que hay un límite de tiempo, este crea una urgencia y el deseo de decidir a favor de lo que usted recomienda. El segundo cierre es una técnica que busca un terreno común o un lugar de encuentro virtual, siempre y cuando éste pueda mostrar a su cliente que le será beneficioso. Yo lo llamo el cierre de un punto de encuentro. El tercer enfoque pretende inclinar la balanza a su favor, mediante el agregado de un bono inesperado al acuerdo.

El cierre sin tonterías es el cuarto enfoque. Declara lo que es obvio, real y práctico. Después de establecer la validez de su producto o idea, usted puede hacer tres preguntas simples para cerrar. El quinto cierre utiliza la visualización para ayudar a las personas a experimentar los beneficios de un producto o servicio. Mientras lo hacen, es fácil para ellos tomar la propiedad. El cierre de Sherlock Holmes elimina lo imposible para que aquellos a quienes usted quiere servir puedan ver la mejor opción restante. Este enfoque ayuda a eliminar la confusión cuando hay muchas ideas que compiten.

El séptimo cierre es la verdad indiscutible. Cuando se comparte una verdad indiscutible y se conecta con la verdadera prioridad, se forma un enfoque poderoso para persuadir a los demás. Previamente vimos en el cierre de los antecesores la forma en que las generaciones que nos precedieron han sentado una base para la vida, las prácticas y la dirección que tenemos hoy. Anima a la gente a construir sobre los cimientos de los que nos han antecedido.

El cierre de prueba de manejo es el noveno enfoque y anima a la gente a probar un producto o idea. Una vez que lo hacen tienen una mayor tendencia a tomar posesión. Por último, el cierre del precedente mira la indiscutible reputación de aquellos a quienes podemos referenciar cuando se toman decisiones importantes. Cuando no hay margen de error, la gente va a pagar más y saldrá de su camino para lograr la paz mental que este enfoque trae.

Familiarícese con estos cierres y adáptelos a su situación. Añada otros a su repertorio para que se sienta seguro, y pronto será muy eficaz en la habilidad de cerrar. A pesar de todo, busque la mejor manera de resolver los problemas de aquellos a quienes desea servir. Mientras lo hace, usted se convertirá en una persona altamente eficaz en el cierre.

Preguntas para la discusión o reflexión personal:

1. De todos los cierres que hemos estudiado, ¿cuales se destacan más para usted? ¿Por qué? ¿Hay un cierre que siente que es más aplicable a su área de especialización?

2. ¿Qué ejemplos puede dar en cuanto al cierre de la puerta que está cerrándose en su área o campo de especialización? ¿En qué manera hace que la gente actúe?

3. ¿Por qué el cierre del punto de encuentro es la esencia de la persuasión?

4. ¿Por qué es tan importante el cierre del precedente en cuanto a las garantías?

5. ¿Qué es lo más importante que aprendió en este capítulo?

Conclusión

Al final de la conferencia, un hombre que medía 1,93 metros de altura y que pesaba más de 240 libras se acercó al escenario. Era más alto, más musculoso y probablemente quince años más joven que yo. Con una mirada severa, dijo:

—En tu discurso dijiste que los padres son necios si no ponen sus vidas espirituales en orden y buscan una iglesia. ¿Estás diciendo que yo soy un necio?

Frente a él había dos niñas, una de cinco años y la otra de tres. Le pregunté si eran suyas. Me dijo que sí. Hice un gesto hacia ellas y dije:

—¿Quieres que estas preciosas niñas caigan en manos de gente malvada o que se vuelvan adictas a las drogas?

—No, —dijo.

—¿Quieres que se casen con hombres abusivos?

Una vez más, él dijo que no. Continué:

—¿Quieres que vivan una vida de delincuencia o que lleguen a ser víctimas de los delincuentes?

Nuevamente negó. Entonces le pregunté:

—Dime, ¿quién va a ser su modelo para vivir una vida moral y espiritual? ¿Quién va a establecer el estándar para ellas? Si no lo haces tú, ¿quién lo hará? ¡Sé hombre! ¡Sé buen padre y el ejemplo espiritual que debes, y pon tu vida espiritual en orden!

Bajó la cabeza y solo asintió. Fue persuadido. Mirando hacia abajo a sus hijas, él sabía que tenía que convertirse en un mejor hombre. No sólo tenía que poner su vida espiritual en orden por él, sino también porque su esposa y sus hijas necesitaban que fuera un mejor esposo y papá también. Aquella noche, Tomás tomó la decisión transformadora que cambió su rumbo para siempre y que afectará a las generaciones venideras.

Los que tienen el poder para persuadir son, ante todo, persuadidos. Ellos ya han comprado la idea, producto, dirección o el plan que presentan. Su entusiasmo es una extensión de su convicción que dice: «Yo conozco el camino. Sé que esta es la decisión correcta. Más allá de cualquier duda, éste es el curso de acción que debo tomar». Su convicción está basada en la integridad y la honestidad.

A lo largo de este libro, hablamos sobre algunos conceptos de transformación. Descubrimos en la primera sección que la integridad es quizás la característica más importante de alguien que la gente quiere seguir. Sin integridad, no hay confianza. Sin confianza, no hay ninguna relación. Sin una relación, nadie está convencido. Si nadie está convencido, tampoco lo seguirán. Los grandes líderes muestran dedicación, sabiduría, honor y aliento. Sobre todo conocen su llamado y cómo ayudar a aquellos a quienes dirigen a sentirse conectados con su propio hilo dorado.

A continuación, nos fijamos en la importancia de tener una percepción clara y saludable, y lo que podemos hacer para desarrollarla. Sólo cuando vemos claramente nuestro propio camino podemos tener una visión del futuro para llevar a otros hacia la tierra prometida. Mientras estamos conectados a nuestro hilo dorado, podemos dirigir con convicción, mejorar nuestro sentido de la oportunidad, y establecer un plan efectivo.

La segunda sección trata de la importancia de llegar a ser un gran comunicador. El liderazgo es importante, pero si no podemos comunicarnos con eficacia, entonces tenemos pocas esperanzas de llevar a la gente a tomar decisiones transformadoras. El punto de partida de los grandes comunicadores es un diálogo interno saludable. La conversación que tenemos con nosotros mismos es la más importante. También aprendimos que la persuasión no es más que una transferencia del sentimiento. Cuando transferimos claramente la forma en que nos sentimos acerca de lo que presentamos o vendemos, las personas llegan a estar convencidas. Los grandes comunicadores tienen una gran capacidad para ir al grano con eficacia y utilizan la herramienta poderosa de la narración.

Los comunicadores eficaces desarrollan habilidades especiales con el fin de alcanzar a su público. Muestran la capacidad de ver la necesidad y el deseo de su cliente y entender la diferencia entre los dos. Pueden leer a su audiencia y hacer los ajustes de forma rápida. Ellos no sólo tienen el don de la comunicación narrativa, sino que también comparten historias sobre un personaje principal con el que el público pueda identificarse.

En la tercera sección, analizamos la importancia de ser capaces de resolver problemas reales y no dejarnos intimidar por el techo de cristal o barrera que nos impide avanzar. Cuando nos enfrentamos a una objeción, primero tenemos que volver a conectarnos con nuestro mayor activo y asegurarnos de que usamos nuestro apalancamiento para superarlo. Esto nos prepara para que aprendamos los cuatro pasos importantes para convertirnos en negociadores de primer nivel y para conocer el mejor acercamiento cuando la respuesta parece ser un «no» absoluto.

Nos enteramos de las cinco objeciones básicas ante cada posible transacción. Muchas veces las personas no tienen la necesidad, el dinero, la urgencia, el deseo o la confianza para tomar una decisión. Sin embargo, con el tiempo y las circunstancias, las personas cambian. Nada es permanente en este mundo, todo puede cambiar, y lo que hoy podría ser considerado como un lujo, mañana se convertirá en una necesidad.

En la cuarta sección, hemos aprendido a dominar la habilidad del cierre. Hay cuatro pasos que quienes cierran efectivamente practican para llevar a la gente a tomar decisiones importantes. Ellos son: Articular el resumen correcto, hacer la pregunta correcta, proporcionar la solución correcta y hacer el llamado correcto a la acción.

Por último, llegamos a la conclusión de la sección con los diez cierres más poderosos. También ingresamos a los caminos, campos de experiencia y aplicaciones en las que pueden ser útiles. Aprendimos ideas útiles para convertirnos en personas que cierran efectivamente, no importa cuál sea la ocupación.

Antes de concluir nuestro viaje, permítame compartir con usted lo más importante. En la introducción de este libro, mencioné que yo vengo de una «familia loca». También dije que iba a compartir cómo superé los patrones destructivos y la locura disfuncional de mi casa para convertirme en la persona que soy. Lo que voy a contarle es esencial para alcanzar su máximo potencial. Si usted va a convertirse en alguien que dirige, comunica, resuelve y cierra en forma persuasiva y convincente, debe crecer equitativamente en cada una de las siguientes áreas.

La primera y más importante es el área espiritual. Cada gran líder que conozco está en el proceso de conocer a Dios y de desarrollar su relación con Él. ¿Por qué esto es tan importante? Para empezar, vamos a estar muertos mucho más tiempo que vivos, así que tenemos que estar preparados para esta vida y para la siguiente. El crecimiento espiritual significa que seguimos la dirección de Dios en cada área de nuestra vida, y ese es el impacto más significativo de todo lo que podemos hacer, en su integridad, en su carácter, en su paradigma, en su sabiduría, en su dirección, en su perspectiva y en su fe acerca del futuro.

Afecta sus relaciones, su matrimonio, sus hijos y la forma de interactuar con la sociedad. Como le dije al joven después de la conferencia: «¡Ponga su vida espiritual en orden si todavía no ha comenzado!». La fe en Cristo me ayudó a superar la locura y la disfunción que mantuvo a nuestra familia con ataduras por muchas generaciones.

En segundo lugar, cuidar de uno mismo físicamente es imprescindible. No se puede alcanzar la cima de la montaña, si no tiene el combustible para llegar. Su cuerpo es su vehículo, y debe mantenerlo. Dele combustible sano, suficiente ejercicio y bastante sueño. Sólo después de perder sesenta libras empecé a tener la claridad y resistencia mental para manejar los desafíos de mi vida.

En tercer lugar, su bienestar financiero es esencial para la seguridad emocional, física y psicológica de su hogar. Pocas cosas lo desgastan tanto como las deudas, la falta de fondos o el temor de perder lo que tiene. Encuentre algún plan financiero o programa educativo para ayudar a construir esta área tan importante de su vida.

En cuarto lugar, hágase amigos de personas saludables y busque la manera de sanar sus relaciones familiares. Rodéese de gente que lo levante en lugar de derribarlo. Muchas veces somos atraídos hacia aquellos con quienes sentimos que hay química. Nos gusta la forma en que sentimos cuando estamos con ellos. Esto puede ser bueno, pero también puede ser perjudicial si la relación no nos ayuda a ser una mejor persona. Escoja pues, a sus amigos y sus relaciones con sabiduría. Si no tienen su mejor interés en mente, busque relaciones que le ayudarán a crecer emocional y espiritualmente.

En quinto lugar, continúe su educación con el fin de mantener la vitalidad mental. Esta lo conservará fuerte y lo ayudará en cada una de las áreas mencionadas anteriormente. Escuche enseñanzas en audio mientras está manejando. Suscríbase a los *blogs*. Tome clases de la universidad. Lea libros educativos. No deje que su activo más poderoso (su mente) decrezca mirando la televisión. La persona mentalmente fuerte es mucho más eficaz en la habilidad de persuadir.

Finalmente, siga buscando maneras de destacarse en su carrera. Aprenda de aquellos que han abierto el camino antes de usted. Estudie a los expertos en su área. Encuentre a un mentor que desinteresadamente lo pueda guiar a un nivel superior. Luego, busque la manera de ser mentor de otros. Nunca piense que ha llegado a su máximo potencial. Tampoco piense que los demás no son dignos de su ayuda o servicio. Recuerde que la arrogancia es como el mal aliento, todo el mundo se da cuenta menos uno.

Cada una de estas seis áreas es importante. Seguir creciendo mantendrá el equilibrio en su vida para permitir que se convierta en alguien convincente.

Confío en que este libro ha sido perspicaz y útil para usted. Mi deseo es que experimente grandes avances al utilizar el poder para persuadir.

Notas

Capítulo 1

1. (http://www.upi.com/Odd_News/2013/11/15/
   New-Hampshire-cab-driver-nearing-90th-birthday/UPI-
   96951384562571/)
2. Zig Ziglar, Zig Ziglar's El pequeño libro de las grandes citas (Little Book of Big Quotes) (Plano, TX: Ziglar, Inc., 2008).
3. http://www.forbes.com/sites/louisefron/2013/06/24/six-reasons-your-best-employees-quit-you/

Capítulo 2

1. https://itunes.apple.com/app/itunes-u/
   id490217893?mt=8&ls=1)
2. Zig Ziglar, Grandes secretos de Zig Ziglar para cerrar la venta (Secrets of Closing the Sale) audio series, www. ziglar.com

Capítulo 3

1. http://www.ziglar.com/motivation/encouraging-yourself-brings-about-change

Capítulo 5

1. Nido Qubein, https://www.youtube.com/
   watch?v=BaTX0t_3Psg
2. http://www.ziglar.com/speakers/jason-frennziglar-motivational-speaker

Capítulo 6
1. Zig Ziglar, Grandes secretos de Zig Ziglar para cerrar la venta (Secrets of Closing the Sale) audio series

Capítulo 7
1. Zig Ziglar, Grandes secretos de Zig Ziglar para cerrar la venta (Secrets of Closing the Sale) audio series, disk 5, track 5
2. http://www.k-state.edu/media/newsreleases/jul13/predictingdivorce71113.html
3. http://www.ziglar.com/store/type/downloads

Capítulo 8
1. http://articles.latimes.com/2012/dec/06/business/la-fi-tn-transcript-apple-ceo-tim-cook-interviewed-on-nbc-20121206/4
2. http://im.ft-static.com/content/images/67c810a4-ae5b-11e2-bdfd-00144feabdc0.pdf
3. Zig Ziglar, Grandes secretos de Zig Ziglar para cerrar la venta (Secrets of Closing the Sale) audio series
4. http://www.nydailynews.com/life-style/fashion/online-retailers-size-shoppers-cut-returns-article-1.1469499

Agradecimientos

¡Gracias, Don y Maxine Judkins, por veinticinco años de amistad, de apoyo y de colaboración! Son algunas de las mejores personas que Cindee y yo conocemos. Gran parte de lo que he escrito en las páginas de este libro proviene de la influencia y del ejemplo que han sido para nosotros.

¡Gracias, Rick Cortez, por nunca decir «no» a mi solicitud de ayuda! Eres un amigo generoso y un joven con un talento increíble. ¡Gracias por el diseño de la portada y por compartir tus ideas de negocio creativas conmigo!

¡Gracias, Kathleen Stephens, por la edición de este libro en inglés! Su profesionalidad ha ayudado a cientos de miles de personas a ser más eficaces y persuasivas, ya que son tocadas por su influencia literaria. ¡Es una bendición trabajar contigo!

¡Gracias, Gisela Sawin, por ser un excelente ejemplo de profesionalismo, unción, y humildad! Jamás este libro podría ser lo que es sin la destreza y el don de edición que Dios te ha dado. Es un honor trabajar con la mejor editora de América Latina. ¡Gracias por dejarte usar y por ser sensible a la necesidad del lector!

¡Gracias, Dante Gebel, por ser un amigo de verdad! Eres un comunicador de primera clase y tus palabras me honran a mí más de lo que puedes imaginar. Por eso, has llegado a ser tan persuasivo. ¡Dios te ha puesto donde estás precisamente para un momento como éste!

¡Gracias, Chanel Frenn, por ser el primer par de ojos de este documento! Me ayudaste con la claridad y relevancia de este libro. ¡Estoy orgulloso de ti y me llena de admiración todo lo que has logrado en tu vida!

¡Gracias, Signature Equipovision, por todo lo que hacen

para ayudar a las personas a superar los obstáculos que les impiden avanzar! Juan y Alicia Ruelas, Borden Newman, Anabel Wilson, Luis Juárez y todos los demás miembros de esa gran organización, ¡hacen una diferencia significativa en las vidas de decenas de miles de personas todos los meses!

¡Gracias, a todos mis amigos de la Corporación Ziglar por su destacado ejemplo de integridad, humildad y profesionalidad! Laurie Magers, Margarett Garrett, Bryan Flanagan, Michael McGowan, Julie Norman, Jill Tibbels, Kayla Mitchell, y Tom Ziglar, ¡ustedes son algunos de los mejores en el entrenamiento de ventas!

¡Gracias, Aldo Suarez, Heber Paredes, y Rocky Grams, por darle una mirada final en el idioma de los cielos!

Encuentra tu inspiración, aprende más acerca de ti mismo y aprovecha lo que te motiva a ser mejor.

Obtén más información sobre nuestros títulos emocionantes y autores de clase mundial al visitar nuestro Facebook y suscribirte a nuestro boletín mensual.

INSPIRAR, EDUCAR, MOTIVAR

Editorial
RENUEVO

www.editorialrenuevo.com
www.facebook.com/editorialrenuevolibros